다시,
오래된
다리를
거닐다

다시,
오래된
다리를
거닐다

역사를 아로새긴
한국의 옛 다리를 찾아서

이영천
지음

루아크
RUACH

1.

 길 위에 선 인간은 끊임없이 무언가를 갈망한다. 그 갈
망은 미지의 세계와 새로운 문명에 대한 동경이다. 마르지 않
는 동경을 채우기 위해서는 길을 내야 하고, 그러려면 험난한
지형을 극복해야 한다. 다리가 필요했다. 필요의 갈망은 기술
을 발전시키고 새로운 구조물을 만들어내는 근인根因이다. 인
류는 끊임없이 길을 개척했고, 험난한 지형을 이겨냈다. 이런
'갈망의 길'을 따라 문명과 문화가 같이 변화하고 발달했다.
동서양을 잇는 실크로드가 대표적이다. 로마인들은 물을 얻
기 위해 열한 가닥이나 되는 물길을 냈다. 모두 다리 발달에
기인한다. 우리 옛길도 이와 크게 다르지 않다. 이때 다리는
물적 대상으로서 시설물이다.

길은 우리 앞에 놓여 있다. 우리는 이 길의 역사를 너무나 잘 알고 있다. 지나온 역사에서 수많은 고난과 난관에 부딪히곤 했다. 찬란한 역사도 물론 있었다. 앞으로도 그럴 것이다. '역사의 길'은 늘 어떤 선택을 강요한다. 우리 세대도 선택을 해야만 한다. 그 선택은 후대가 그들의 길로 온전하게 나아갈 수 있는 징검다리여야 한다. 이를 가늠하는 잣대는 바로 이어짐과 매개가 될 것이다. 역사를 지켜내고 이어짐을 담보해내는 역할이다. 이때 다리는 세대와 역사의 연속성을 가늠하게 하는 도구, 곧 가교架橋다.

수많은 길이 내 앞에도 놓여 있다. 어느 길로 가야 하는지는 오직 나만이 알고 있다. 개개인 앞에 놓인 '삶의 길'이다. 선택한 길로 갈지 여부는 스스로의 몫이고 판단이다. 하지만 어느 길이건 가야만 한다면 주저 없이 나서는 게 최상이다. 누구나 길을 가다 보면 난관에 부딪히기 마련이다. 맞닥뜨린 난관을 극복하고 계속 나아갈 수 있는 힘을 얻어낼 때 길은 비로소 나를 인간답게 만들어줄 것이다. 난관을 이겨내는 가장 효율적인 방법은 스스로에게 멋있고 튼실한 다리를 놓아주는 것일 테다. 이때 다리는 현시적이건 심미적이건 이어짐을 담보해내는 끈기요, 집념이다.

2.

다리에 대한 정의는 중의적이다. 다리를 우리말 사전에서 찾아보면 세 가지 의미로 표현된다.

다시, 오래된 다리를 거닐다

㉮ 강·개천·길·골짜기 등에 건너다닐 수 있도록 가로질러
　　놓은 시설물
㉯ 중간에 거쳐야 할 과정이나 단계
㉰ 중간에서 두 대상을 소개하거나 관련지어주는 일

　　책은 이 가운데 물적 시설물로서 다리가 갖는 의미에
초점을 맞춰 이야기를 풀어갈 것이다. 신화나 종교, 문학이나
설화에 해당하는 의미는 그 분야에 맡겨두는 게 옳다는 판단
이다. 이태준의 단편소설《돌다리》처럼 세대 간 서로 다른 생
각을 이어주는 매개체랄지, 이보 안드리치Ivo Andric의 역사소
설《드리나 강의 다리The Bridge on the Drina》처럼 두 개로 나뉜
세상을 잇는 화합과 지속성의 역할이랄지, 하늘의 신과 땅의
인간을 연결하는 '이리스Iris의 가교'랄지, 칠월칠석에 견우와
직녀를 만나게 해주는 '오작교烏鵲橋' 같은 것 말이다.
　　시설물로서 다리는 지형 극복이 목적이다. 맨 처음 다
리는 불편함을 덜고 신체 일부가 물에 빠지는 것을 피할 요
량으로 만들어졌다. 징검다리가 대표적이다. 그래도 불편함
은 여전했다. 자꾸 새로운 필요성이 생겨난다. 그러자 도구와
기술이 발달한다. 이들의 발달로 재료도 같이 개발된다. 이제
인간은 자연에서 얻은 재료들을 가공하기 시작한다. 나무로
만든 다리가 먼저 생겨나고, 뒤이어 흙과 돌을 이용한 다리
가 만들어진다. 징검다리도 돌이긴 하지만 인간 보폭에 순응
한 가장 원시적인 형태다. 우리에게는 섶다리와 외나무다리

를 지나 널다리木板橋와 널돌다리板形石橋를 거쳐 무지개다리虹蜺石橋로 변천하는 과정이다.

생활에 필요한 부분부터 채워나가다가 점차 종교와 정치, 문화를 상징하는 부문으로까지 발달해간다. 고려시대 이후 눈부시게 번성한 불교가 그렇다. 불교에서 다리 짓기는 '현세에 대한 공덕을 쌓는 일'로 여긴다. 사찰 앞에 무지개다리가 많은 이유다. 궁궐에는 반드시 금천錦川을 흐르게 하고, 이곳에 다리를 두었다. 궁에 들면서 '삿되고 잡된 마음을 깨끗이 씻어내라'는 의미다. 이방원은 사냥과 군사훈련, 살고 있는 이궁離宮으로 드는 길에 위치한 살곶이내川에 다리를 놓으려 했다. 다리 놓기는 자본이고 권력이며 정치적 행위다. 고종은 권력을 되찾은 기념으로 궁(건청궁)을 짓고는 그 앞에 연못(향원지)을 파고 멋들어진 정자(향원정)를 앉힌 뒤 취향교라는 다리를 놓는다. 절대 지존으로서 위엄을 과시하려는 대단히 권력 지향적 행위였다. 한편 백성들은 정월 대보름에 '다리 밟기 놀이'를 즐겼다.

산업혁명으로 눈부신 기술 발전과 더불어 쇠와 콘크리트라는 뛰어난 재료가 나타난다. 이는 토목과 건축에 혁명적 사건이었다. 이제 극복하지 못할 지형은 없다는 선전포고와도 같았다. 형교桁橋의 등장이 이 모든 것의 시작이다. 다리는 커지고 높아지고 길어졌다. 쇠와 콘크리트가 조합되면서다. 이는 보樑(Girder)의 발달로 이어진다. 짧은 철근콘크리트 단순보가 여러 재료를 혼합해 만든 합성보를 거쳐 길게 이어지는 연속보로 진화해가는데, 현대식 교량의 탄생과 발전은 전적으로 이런 보와 기초 기술의 발달에 기인한다. 뒤이어 쇠를 짜 맞추는 트러스Truss와 아치 틀Arch Rib이 생긴다. 그러면서 다리는 점차 경간을 넓혀간다. 강선 다발Strand을 이용한 교량 기술은 다리의 꽃이라 불리는 현대식 초장대교량인 사장교와 현수교를 탄생시킨다. 또한 가장 최근의 형식인 엑스트라도즈교Extra-dosed까지 이어진다.

우리에게 현대식 다리의 도입은 두렵고 무서운 침략을 동반한 피식민지 고통과 함께였다. 한강에 지어진 한강철교 위로 검고 무거운 철차가 매연과 큰 기적소리를 내며 다가왔을 때를 상상해보라. 이어지는 수탈은 곳곳에 현대식 다리를 탄생시켰다. 일제가 만들었다고 주장하지만, 이는 우리 국민의 노동력과 수탈당한 물자, 자본으로 지어진 것들이다. 불과 몇 개뿐이던 한강 다리는 1960년대를 지나면서 급격하게 증가한다. 고속도로가 생겨나고 국도와 지방도가 거미줄처럼 엮이면서 온 국토는 길 아닌 곳이 없게 되었다. 크고 작은 섬들도 육지와 연결되고 있다. 이제 마음만 먹으면 가지 못할 곳, 건너지 못할 강과 바다는 없다. 눈부시게 발달한 우리 기술력의 성과다. 우리는 2021년 현재 세계 최대 길이의 다리 (터키 차나칼레대교)를 짓는 나라로 변모해 있다.

3.

하나의 시설물로서 다리가 놓이게 된 사유와 과정, 그

속에 담긴 사연은 모두 제각각이다. 이 책은 다리가 발달되어 온 순서대로 숨은 이야기를 찾는 방식으로 전개될 것이다. 때론 삶의 애환을 그릴 것이고, 때론 역사 속에서 저질러진 잘잘못을 말할 것이다. 또는 아쉬운 실수나 하지 말았어야 했던 일을 거론할 것이다. 세세하고 작은 역사가 큰 역사를 대변하는 이야기도 언급할 것이다. 이는 인문학적 관점으로 공학이 빚어낸 다리를 찾아가는 이야기 길이 되어줄 것이고, 함께 건너는 다리가 될 것이다.

1부에서는 옛 다리 위주로 살폈다. 징검다리에서 시작한 이야기는 정조대왕이 을묘년 화성으로 행행하던 길에 건넌 배다리에서 끝이 난다. 각 시설물은 우리네 고유 풍속은 물론 거대 담론으로까지 이어지는 역사를 품고 있다. 이야기는 이런 세세한 역사의 뒤안길에 눈길을 주고자 한다. 그 속에서 우리가 걸어온 길을 되짚어보고, 앞으로 나아가야 할 길을 찾게 된다면 금상첨화다. 인문학이 추구하는 최고 정점은 '생각하는 힘, 질문하는 힘'에 있다. 옛 다리 이야기를 통해 이런 힘들이 더 세어지고 깊어지기를 희망한다.

2부에서는 근·현대식 교량을 찾아간다. 이야기는 이식된 근대가 만들어낸 상처 가득한 다리에서 시작해 초현대식 교량인 사장교와 현수교를 지나 아름다운 사랑을 간직한 작은 다리에서 끝을 맺는다. 각각의 이야기에서는 주로 아픈 이면이 들춰질 것이다. 이를 통해 우리가 앞으로 나아가야 하는 길의 새로움을 찾게 되기를 갈망한다. 성공한 신화에서

보다 실패한 아픔에서 얻는 게 훨씬 큰 교훈이기 때문이다.
다리가 선사한 넓고 빠른 길은 필연적으로 지역 발전과 도
시 확산으로 이어졌다. 그리고 이는 땅값 상승이라는 '토지자
본 이득'을 파생시켰다. 그동안 우리가 토지자본 이득에 삶과
정신을 어떻게 매몰시켜왔는지 이야기 행간에서 읽어냈으면
좋겠다. 부동산 투기로 점철되어온 지난 100여 년, 욕망 덩어
리로 변해버린 조금은 추악한 우리 모습을 진솔하게 되돌아
보기를 희망한다. 우리의 진보는 이 지점에서 새롭게 출발해
야 한다고 믿는다.

4.
　길은 우리 앞에 놓여 있다. 어느 길로 갈 것인지는 우
리가 주체적으로 결정할 문제다. 탄탄대로 평탄할 길을 갈
것인지, 아니면 굴곡지고 험난한 길을 갈 것인지는 오롯이
우리 몫이다. 길이 끊긴 곳에는 다리가 있다. 결국 끊김과 단
절을 극복하는 매개체로 다리를 우리 마음과 생활 속에 어떻
게 들여놓고 활용할 것인가의 문제로 귀결된다.
　길은 다리 없이 존재할 수 없다. 다리橋梁는 우마차가
다니는 길을 뜻하는 '橋(교)'와 사람이 다니는 길을 뜻하는
'梁(량)'이 합쳐져 만들어진 말이다. 가장 적확하게 표현된 단
어라는 생각이다. 길은 많은 이의 발길이 닿고 부딪치며 이어
지면 자연스럽게 생겨나지만, 다리는 인공의 힘과 재료를 가
공해 설치하지 않으면 절대 만들어지지 않는다. 이음이고 매

개이며, 문화와 문명이 퍼져나가는 통로가 곧 길이고 다리다.

또한 다리는 허공을 가르는 시설물이다. 태생적으로 공중에서 사람이든 물건이든 자동차든 어느 것을 실어 나르고 연결하는 역할을 한다. 허공에 매달렸다는 것은 어느 간극을 메꿔냈다는 의미다. 간극은 서로의 차이를 인정하고 존중할 때에야 비로소 극복할 수 있다. 알량한 권세나 힘으로 다른 이를 짓누르려 한다면 갈등과 반목만 생겨난다. 다리는 그런 질시와 반목을 상징하지 않는다. 제 등을 아무렇게나 내어주는 고귀한 희생이다. 다리에서 배울 일이다.

이 모든 이야기가 우리 앞에 놓인 무수한 길 중 최적의 길을 안내하는 지혜가 되었으면 한다.

원고 집필 중이던 2021년 4월 10일 영면에 드신 사랑하는 어머니 영전에 이 책을 바친다.

이영천

2부 근현대 다리 속 숨은 역사를 찾아서

1부
———

옛 다리,
우리 이야기를
찾아서

끈끈한
공동체를
하나로
이어주던
추포 노두길

징검다리에 서면 왠지 모를 정감이 느껴진다. 아련한 추억이 떠오르기도 하고 그리움이 주는 위안을 받기도 한다. 여러 이유가 있겠지만 지나온 삶의 궤적을 닮았기 때문일 것이다. 한생을 살아가는 일은 어쩌면 징검다리 돌 하나씩 놓아가는 여정이 아닐까. 징검다리는 이처럼 여러 의미를 함축하고 있다. 모두 '이음과 매개'와 관련 있다. 등을 밟고 지나가라 내어주는 다리 고유의 자기희생이 바탕이다. 살아가는 일은 관계의 연속이며 자기희생의 과정이다. 다리는 곧 관계를 지속해 잇고, 혹여 끊긴 그것을 다시 이어주는 매개체가 되어야 한다. 우리는 오늘도 사람 사이에 놓인 징검다리를 밟고 어느 곳인가를 향해 걷고 있는 존재들이다.

징검다리가 놓이는 곳

징검다리는 인간이 걷는 보폭에 맞춰 놓인 가장 원시적 형태의 다리다. 이제는 추억을 떠올리며 일부러 찾지 않으면 만나기가 쉽지 않지만, 한때는 방방곡곡 어디에나 있었다. 개울이나 작은 하천의 길이 끊긴 곳에서다. 폭이 좁고 비교적 물살이 세지 않은 자리에 징검다리를 들여앉혔다. 다리가 놓인 곳에는 물 흐름에 맞서 돌무더기를 쌓기도 했는데, 유속을 떨어뜨리려는 지혜다.

징검다리의 핵심인 돌은 아무 곳에나 놓는 게 아니다. 모래와 자갈이 많으면 돌을 앉히기에 맞춤한 곳이다. 이런 것들이 없는 곳이라면 일부러 돌 놓을 자리를 다듬어야 한다. 돌이 앉을 자리를 파내고, 잔자갈을 고르게 채워 넣는 것이 좋다. 굄돌을 두기도 하는데, 이를 적심積心°이라 부른다. 한옥 지을 때 주춧돌 놓을 자리에 사용하는 방법이다.

적심의 첫째 목적은 세굴洗掘 방지다. 물이 세차게 흐르면 강바닥이 파여 나가는데, 잔자갈은 물의 흐름으로부터 이를 방지하는 효과가 있다. 세굴을 최소화함으로써 징검다리 역할을 하는 개개 돌들이 튼실하게 자리 잡을 수 있게 만들어주는 것이다. 둘째 목적은 침하 방지다. 무른 땅(연약 지반)은 무거운 노둣돌을 오랫동안 지탱할 수 없다. 또 침하가 느리게 일어난다. 바닥에 모래나 자갈을 깔고 징검다리 돌을 앉히면 땅이 침하되는 속도를 늦추거나 방지할 수 있다. 이런 이유로 징검다리 돌 밑에 모래나 잔자갈을 깔아주는 것이

°
통나무를 박거나 자갈을 층층으로 깔아 다지면서 쌓아 올리는 기초 작업의 일종.

다. 이는 다리를 지탱시켜주는 기초 작업의 가장 원시적 형태이기도 하다.

여러 섬을 잇던 추포 노두길

전라남도 신안군 암태도 가는 길은 가히 다리 박물관이라 할 만하다. 아니, 신안 섬 전체가 하나로 연결된 다리 박물관이다. 목포에서 압해도 가는 압해대교는 3경간 닐슨로제 아치교다. 압해에서 암태도 가는 길에는 '1004대교'라 명명한 다리, 곧 연속보의 접속교에 3주탑 현수교와 2주탑 사장교가 높은 위용을 뽐내며 나란히 서 있다.

암태도 주변 곳곳에는 노두路頭°를 만든 흔적들이 남아 있다. 썰물을 이용해 짧은 거리 갯벌을 건너는 장치로 설치한 것들이다. 나룻배의 쓰임새와는 전혀 다른 갯벌에 낸 길이다. 수심의 영향으로 배로 건너는 게 비효율적일 수 있다. 그래서 가까운 거리는 징검다리를 놓아 이용한 것으로 보인다. 그중 암태도와 추포도를 잇는 노두가 으뜸이다.

암태도 서남쪽에는 추포도秋浦島라는 작은 섬이 있다. 섬은 본디 세 개이던 것을 1965년 간척을 통해 하나로 합쳤다. 논과 염전을 만들면서 섬끼리 이은 것이다. 추엽도秋葉島는 우거진 나무가 호랑이 등짝을 연상시키나 가을이 되면 낙엽이 떨어져 호랑이처럼 보인다는 데서 유래했고, 포도浦島는 먼바다에서 밀려오던 파도가 포도 근처에만 오면 얌전해진다는 데서 유래했다.[1] 여기에 동쪽에 있던 오도梧島가 하나의

사람이나 차가 많이 다니는 길. 나루터나 징검다리를 전라남도 방언으로 노두라 부름.

예전 추포도 드나드는 길은 바다에 놓인 이 징검다리가 유일했다.

섬으로 합쳐진다. 합쳐지기 전 세 섬을 연결하는 갯벌에도 노두가 있었다.

암태도 수곡리에서 바라보는 추포 갯벌은 평범한 바다다. 하지만 썰물이 져 펄이 드러나면 점점이 박힌 검은 돌길이 모습을 드러낸다. 그러면 갯벌에 삶을 의지하는 어르신들 발길이 분주해진다. 조개며 갯것들이 풍성해서다. 펄 바닥에서 놀던 게들은 날래게 몸을 숨긴다. 추포도와 암태도 사이에 놓인 징검다리, 추포 노두길 풍경이다.

예전 추포도 드나드는 길은 바다에 놓인 이 징검다리가 유일했다. 사람도 짐승도 모두 징검다리로 왕래했다. 지금은 관리를 하지 않아 그 흔적만 또렷이 남아 있을 뿐이다. 발이 빠질 각오를 한다면 못 건널 다리는 아니다. 2000년 6월 만들어진 콘크리트 방조제가 징검다리를 대신하더니, 2021년 3월 29일 추포대교가 완공되면서 이제는 그 다리가 두 섬을 잇고 있다. 추포리에서 만난 나이 지긋한 어른께서 300여 년 전 그 옛날 선조들의 노고를 말한다. 현대식 다리가 완성되어 콘크리트 방조제가 철거되면 바다를 건너던 옛 노두가 다 드러날 것이라고 확신에 차 이야기한다. 막힌 바닷물 흐름이 제 자리를 찾으면 펄에 묻힌 노두가 원상회복된다면서.

노두를 만들어낸 노고와 끈기

섬마을 주민들은 왕래를 위해 2.5킬로미터 갯벌 구간에 3600~6000여 개°의 노둣돌을 놓아 징검다리를 만들었다.

°
노둣돌 개수는 기록마다 상이함. 길이 2.5킬로미터를 위 노둣돌 개수로 나누면 40~70센티미터로 성인 보폭 수준이거나 조금 좁은 폭에 해당함.

굄돌까지 합하면 1만 개가 넘는 돌을 사용했을 것이다. 대단한 공력이다. 몇몇의 힘으로는 도저히 엄두가 나질 않는 작업이다. 아마도 두 섬 백성들의 뜻이 하나가 되었으리라.

　　노두 만드는 장면을 상상해본다. 분명 갯벌이 드러나는 썰물 때밖에는 작업할 시간이 없었을 것이다. 갯벌이 드러나 있는 시간은 고작해야 몇 시간이니 그 짧은 시간에 주어진 작업을 마쳐야 한다. 펄에서는 걷기조차 힘들다. 발이 푹푹 빠지는 질척거리는 갯벌로 무거운 돌을 옮기고, 자리를 잡고 굄돌을 고아 노둣돌을 안착시켰을 것이다. 이렇게 수천 개 돌을 놓아 '바다 징검다리'를 만들어낸 공력에 절로 고개가 숙여진다. 지금도 그 공력을 기리고 있다. 노두가 끝나는 곳 추포도에 다리를 중수했을 때 세운 노도비路道碑가 있다. 비에는 병인년丙寅年에 중수했다고 기록되어 있다. 병인년이면 1686년 혹은 1746년이다. 중수라는 표현으로 봐서는 훨씬 이전부터 바다에 노두길이 있었다는 이야기다. 비에는 중수 비용을 시주한 여러 주민 이름도 같이 보인다.

　　이 징검다리는 일 년에 한 번씩 뒤집어 닦아줘야만 미끄러지지 않는다. 이곳에서는 이를 "뻘을 친다"[2]라고 부른다. 연례행사처럼 매년 음력 칠월 칠석을 전후해 벌이는 공역工役이다. 이때여야 노둣돌이 갯벌에 단단히 고정되기 때문이다. 큰 돌을 뒤집는 노고가 어떤 것일지 상상이 안 된다. 일 년에 한 번씩 수천여 개의 무거운 돌을 뒤집고 닦아내고 노둣돌에 낀 미끄러운 바다풀과 물때를 씻어냈다.

추포도에 세워진 노도비. 병인년(1686년 혹은 1746년)에 중수했다고 기록되어 있다.

노두에 새겨진 이야기

노두 옆에서 갯일 하는 나이 지긋한 어머니를 만났다. 이런저런 물음에 시집오던 일을 회상하신다. 새색시가 섬으로 시집올 때면 진풍경이 벌어지곤 했단다. 암태도 수곡리에 꽃가마가 당도하면 추포도 장정 서넛이 꽃가마를 맞아 메고 왔다. 노두길을 잘 모르는 외부 가마꾼은 위험하기 때문이다. 수천 개가 제각각인 노둣돌을 섬마을 장정들은 훤하게 꿰뚫고 있다. 돌의 흔들거림, 미끄러운 부위를 용케도 잘 피한다.

가마에 탄 신부는 얼마나 떨렸을까? 좌우로 기우뚱거리는 가마에서 신접살이를 해야 하는 두려움과 설렘이 함께 흔들렸을 것이다. 남존여비 의식이 만연하던 시절의 시집살이다. 새로 만날 시댁 식구들을 어떻게 대해야 하는지 걱정스럽기도 했을 것이다. 가마를 메고 가는 장정들이 내뱉는 장단소리가 유일한 위안이었을지도 모른다. 구수한 남도 사투리로 음률에 맞춰 누군가 구령하면, 장단이 척척 잘도 맞아 들어갔다. 안전하게 가마를 메고 가려는 수단이다. "(발을) 띠었냐? 띠었다"를 반복하면서 수천 개 징검다리를 건넌다. 섬에서 밖으로 시집갈 때도 마찬가지 풍경이 연출되었다.

노두길 중간, 커다란 갯골에는 나무다리가 있었다고 한다. 물때를 잘못 맞춰 이 나무다리에서 곤욕을 치르는 일이 심심치 않게 생겨나곤 했단다. 술에 취해 노두를 건너다 이곳에서 바다에 빠지거나 심지어 목숨을 잃는 일이 벌어지기도 했다. 뭍으로 공부하러 나간 딸을 기다리다 밀물에 휩

쓸려 함께 목숨을 잃었다는 애잔한 '딸망섬'[3] 이야기에서는 섬사람들의 그리움과 애환이 짙게 묻어난다.

추포도 아이들은 섬에 있는 초등학교 분교에 다닐 때는 괜찮았지만, 암태도나 외지의 중고등학교에 다닐 때는 등교시간이 매일 달랐다. 물때에 따라 노두 열리는 시간이 변했기 때문이다. 섬의 주요 교통수단은 배였다. 작은 나룻배가 주를 이뤘을 것이다. 이곳 섬사람들은 나룻배 타듯 노두 건너는 일을 "노두길 탄다"라고 말한다. 갇힌 섬에서 외부를 이어주던 본래 기능에 가장 잘 어울리는 표현이다. 길을 타다니, 그 말 자체가 무척 흥미롭다.

승리한 소작쟁의

암태도는 '소작쟁의'로 각인된 섬이다. 쟁의는 지주 문재철을 비롯한 일제 관료와 경찰, 암태도 작인들 간에 벌어진 소작료 전쟁이었다. 문재철은 암태도 출신의 전형적인 친일 부역지주로, 신안 여러 섬과 전북 고창 등지에 약 750만 제곱미터(약 226만 평)의 엄청난 농토를 소유했던 악질이었다. 그가 일제를 등에 업고 높은 소작료를 부과하려 하자 작인들이 똘똘 뭉쳐 아사동맹餓死同盟까지 결의하며 싸웠다. 일 년여에 걸친 쟁의는 결국 소작인들 승리로 끝이 난다. 암태도 소작쟁의는 이후 도초, 자은, 지도 소작쟁의로 이어진다.

소작농들의 분연한 외침은 헐벗고 굶주린 민중들 최후의 보루였다. 단결은 서로에게 위안이 되었고, 죽음을 각오한 끈질긴 투쟁은 끝내 악랄한 대지주와 일제의 부당성을 무너뜨렸다. 이는 일제의 통치 방식을 바꾸게 하는 큰 힘으로 작용한다. 암태도 소작쟁의는 끈질긴 저항의 힘에서 연유한다. 그 항쟁의 힘은 추포도와 암태도 사이에 노둣돌을 놓았던 백성들의 끈끈한 공동체 의식과 강인한 끈기에서 발원한 게 아닐까?

다시, 오래된 다리를 거닐다

단종의
넋을
기리는
주천강 쌍 섶다리

강물을 끼고 앉은 마을은 고향처럼 포근하고 아련하다. 깊지 않은 강에서 들려오는 찰찰거리는 물소리에 마음마저 평화로워진다. 이런 강에는 주로 임시다리假橋가 들어선다. 임시다리로 발달된 것이 바로 '섶다리'다. 섶다리와 어우러진 강마을은 차라리 아름다운 한 폭의 풍경화다. 마음속 고향을 그리워하는 사람들이 섶다리 놓인 강마을을 찾아 위로받곤 한다.

섶다리는 수심이 얕고 주변에서 나무를 쉽게 구할 수 있는 곳에 놓인다. 원시적인 생활 편의시설인 섶다리는 자연에 순응하는 친환경 다리다. 가을걷이가 끝난 갈수기 10월에서 12월 사이에 설치되어 추운 겨울과 강물이 차가운 봄을

나는 다리다. 두 마을 사람들이 모여 울력을 벌여 만드는데, 이는 마을 공동체성의 재확인이며 이때 잔치를 열기도 한다. 이렇게 만들어진 다리는 통상 초여름 장마나 초가을 홍수 때 큰물에 떠내려가곤 한다. 유실되어 사라졌으나 모두 자연의 품으로 되돌아간 것일 뿐이다. 순전히 나무와 흙으로 만든 다리이기 때문이다. 섶다리는 이처럼 생명이 태어나고 소멸하는 모습을 닮았다. 역설적이게도 다리는 탄생하는 순간부터 끊김과 헤어짐을 예비한다. 돌고 도는 윤회輪廻의 다리인 셈이다.

섶다리 놓기

섶다리 놓기는 단순하다. 먼저 '선창'을 만든다. 강이나 하천 가장자리, 다리가 걸치는 부분에 흙과 자갈, 모래 등을 쌓고, 그 끝에 '교대橋臺'° 역할을 하는 넓고 무거운 돌을 놓는다. 그 돌의 무게로 선창 지반을 안정화시키는 것이다. 또 쌓인 흙이 밀어내는 압력으로 선창이 무너져내리지 않도록 지탱하는 역할도 한다.

그런 뒤 산에 올라 Y자 모양의 나무를 자른다. 참나무나 물푸레나무 같은 단단한 재질에 물에 강한 수령이 오래된 나무가 제격이다. Y자 나무는 '교각'°° 역할을 한다. 교각목은 어지간한 하중에 끄떡없이 버틸 수 있어야 한다. 높이 2~2.5미터, 두께 20~30센티미터가 가장 적당하다. Y자 나무 끝을 네모나게 깎아 다듬는데, 다듬은 끝을 보樑 역할을 하는 '멍에

° 다리 양 끝에서 제방, 석축, 흙과 만나는 부분에 설치해 다리를 걸게 만드는 시설.

°° 다리를 받치는 기둥으로 교량의 다리.

°
옛 교량에서 개개의 교각을 결구시키는 보 역할을 함. 그 위에 귀틀목(석)이나 상판을 직접 얹을 수 있게 만든 부재.

°°
다리, 건물, 전주 따위의 기둥과 기둥, 교각과 교각 사이 거리.

°°°
교량 윗부분을 이르는 말로, 사람이나 차가 다닐 수 있도록 만든 곳.

목'°네모난 홈에 끼워 맞춘다. 보통 1.5~2미터 길이의 멍에목이 다리 폭을 결정한다. 멍에목을 길게 해서 다리 중간에 대피 공간을 만들기도 한다. 멍에목은 Y자 나무보다 더 두꺼워야 한다. 육질이 단단한 소나무가 제격이다. 멍에목과 Y자 나무가 결구된 간극에 '쐐기'를 박아 단단히 고정시킨다. 이런 작업들이 끝나면 비로소 교각이 완성된다. 이제 '경간徑間'°°을 결정해야 한다. 경간이 결정되면 하천 너비를 경간 값으로 나누어 교각 수를 산정한다. 섶다리 경간은 보통 3~4미터가 일반적이다.

완성된 교각을 경간에 맞춰 하천 바닥에 박아 세운다. 교각을 세울 때 강바닥을 안정화시키는 힘든 기초 작업은 따로 하지 않는다. 섶다리는 스스로의 무게로 버텨내는 하나로 짜인 구조물이기 때문이다. 세워진 교각 위에 '상판'°°° 역할을 하는 길이 5~6미터의 곧은 나무를 길게 걸고, 질긴 칡덩굴 등으로 단단히 묶어준다. 틈을 촘촘히 해서 나무들이 묶이면 멍에목 넓이에 맞는 짧은 나무들을 엇갈려 묶는다. 그리고 그 위에 섶(솔가지나 잔나무가지)을 촘촘히 엮는다. 섶은 어느 정도 두께가 되도록 쌓아 엮고, 상층부 가장자리는 하늘을 향해 세워준다. 다리를 건너는 사람에게 심리적 안정감을 주기 위해서다. 섶이 다 엮이면 그 위에 흙을 쌓고 단단히 밟아주면 다리가 완성된다. 섶 위에 쌓인 흙 무게로 안정화된 자중自重을 확보하는 원리다.

순박한 삶을 담아내는 섶다리

섶다리는 우마차를 위한 다리가 아니다. 가벼운 행장으로 길을 나서는 나그네나 가까운 들녘으로 일 나가는 농사꾼을 위한 다리다. 빈 지게면 충분하다. 맨몸으로 걷는 것도 좋다. 풍경과도 잘 어울린다. 인공이 가미되지 않은 자연 일부를 강 위에 옮겨놓은 까닭이다. 구절양장 굽어 흐르는 강과 사방 높은 산으로 막힌 마을에서는 섶다리가 세상과 통하는 유일한 통로다. 이곳을 통해 세상으로 나가고 잡다한 것들이 들어온다.

섶다리는 질서와 안녕, 모두의 인간성을 유지시키는 공간이다. 양 끝에서 서로 길이 엇갈릴 것 같으면 누구라도 먼저 건널 것을 권한다. 나이 드신 분이 우선이다. 무거운 짐을 이고 진 짐꾼이면 모두 양보하고, 병자나 임산부 등 약자도 먼저다. 다리는 공동체가 유지되는 질서 속에서 서로를 배려하며 살아가는 지혜를 담고 있다. 사람이 사람을 사람으로 받아들이는 포용과 관용의 다리, 이음을 바탕에 둔 모두의 다리다.

영월은 가히 강의 고장이다. 평창에서 발원한 평창강과 횡성에서 발원해 원주를 거쳐온 주천강이 만나 서강西江을 이룬다. 정선에서 발원해 영월로 흘러든 동강東江은 이미 여러 이유로 널리 알려져 있다. 서강과 동강이 영월에서 합쳐져 비로소 남한강을 이룬다. 섶다리는 서강과 동강을 이루는 물줄기 상류에 주로 분포했다.

다시, 오래된 다리를 거닐다

질서와 안녕, 모두의 인간성을 유지시키는 곳, 바로 섶다리다(판운리).

도로가 개량되고 현대식 교량들이 생겨나자 섶다리는 자취를 감추고 말았는데, 영월 사람들에게는 마음속 고향이 사라진 느낌이었을 것이다. 사라진 섶다리는 아련하고 진한 향수였다. 아늑하고 정겨운 고향을 그리워하는 사람들이 자연스럽게 섶다리를 기억해냈고, 옛 다리에 대한 그리움이 계승 염원과 복원으로 이어졌다. 지금도 청년들이 모여 해마다 섶다리를 만들고 있다. 20년도 더 이전에 시작된 일이다. 섶다리는 영월 사람들 마음 한구석을 차지하는 안식처다.

주천강 술 샘

굽이굽이 주천강을 따라가다 보면 제법 큰 마을이 얼굴을 내민다. 영월 주천면 주천리다. 해마다 주천강에 쌍으로 된 섶다리가 놓이는 곳으로 마을 사람들이 공들여 섶다리를 재현한다. 전통을 잇고 아름다운 마을을 꾸려가려는 주천 사람들 마음이 가을 단풍처럼 곱기만 하다. 인심이 순박하다.

주천酒泉은 말 그대로 '술이 솟는 샘'이다. 술 샘은 쌍섶다리 부근 주천강가 망산望山 아래 바위틈에 흔적이 남아 있다. 향긋하고 달콤한 술 향이 사방으로 진동하는 그곳은, 두주불사로 술을 마셔대는 사람에게는 꿈의 낙원이었으리라. 공짜 술을 마시려는 사람들이 술 샘으로 구름처럼 몰려들자 순수하던 풍속이 어지러워졌다. 이를 매우 난감하고 괘씸하게 여긴 관아는 급기야 술이 솟아나는 샘의 돌구유를 깨뜨린다. 그러자 술 샘이 말라버린다.

이야기는 이곳 물이 그만큼 맑았다는 증거다. 맛 좋은 술은 맑은 물이 기본이다. 맑고 깨끗한 물에 좋은 재료와 숙련된 기술이 뒷받침되어야 맛 좋은 술을 빚을 수 있다. 또 수량이 풍부한 곳이라는 의미이기도 하다. 물을 이용한 교역이 활발했다는 것을 미루어 짐작할 수 있다. 뗏목이건 나룻배건 주천강은 수상교통의 요충지였다. 주천은 예로부터 원주에서 평창을 거쳐 동해로 나아가는 주요 길목이었다. 사람과 물산이 몰려들면 자연스레 다리에 대한 필요가 생겨난다. 교통 요충지로 주막거리가 번성하고, 왁자지껄 큰 장터가 들어섰다. 맑고 고운 술이 샘물처럼 솟아나듯 넉넉한 인심도 더불어 쌓여갔다. 순수한 사람들의 착한 마음씨는 술처럼 향기로웠다.

단종의 넋을 기리는 쌍 섶다리

쌍 섶다리에 대한 유래가 재미나다. 숙종 24년(1698년) 11월 6일자 실록은 "노산군을 단종으로 묘호는 장릉莊陵으로, 그의 비妃는 정순定順으로 묘호는 사릉思陵이라 정하여 시호諡號를 추상하였다"라고 기록하고 있다. 노산군을 왕으로 복권시킨 것이다.

해가 바뀌기 전, 단종과 정순왕후 위패를 종묘에 안치시키는 일을 마무리한다. 약 250년 만에 왕 지위를 되찾은 것이다. 그리고 이듬해인 1699년, 수차례에 걸쳐 장릉을 대대적으로 보수하고 수리한다. 윤7월 23일에서야 가까스로

주천리와 신일리 백성들이 놓은 쌍 섶다리. 그 안에 넉넉한 인심이 배어 있다.

능 수리를 마쳤다고 실록은 기록한다. 그러고는 강원 관찰사에게 장릉에 참배하라는 명령을 내린다. 관찰사는 여러 생각에 번뇌한다. 영월 민심은 그동안 한양과 권력에 대해 그리 우호적이지 않았다. 모두 단종의 죽음에 대한 반발심이다. 단종 제사만이라도 성대하게 치러내야 민심을 조금이나마 달랠 수 있을 것으로 생각한 그는 정성스럽게 제수용품을 마련한다.

관찰사는 우마차에 갖은 제수용품을 싣고 원주를 떠나 장릉으로 향한다. 길은 험한 산길에 구불구불 물길이다. 장릉을 60여 리 남겨두고 주천강에서 섶다리를 만난다. 다리는 낡아 있고 홑 섶다리였다. 백성들은 냉담하기만 하다. 처지가 난감해지려는 순간 이내 단종에게 제향祭享하는 관찰사 행렬임을 알아본 백성들이 발 벗고 나선다.

홑 섶다리로는 수레가 지날 수 없다. 주천리와 신일리 백성들이 각각 하나씩 섶다리를 새로 만든다. 그렇게 쌍으로 된 섶다리가 놓인다. 우마차가 지나다닐 정도의 넉넉한 인심이 배어 나온 것이다. 백성들 도움으로 무사히 참배를 마친 관찰사는 백성들 마음이 무척 고마웠다. 원주로 돌아가는 길에 쌍 섶다리를 놓아준 백성들에게 감사의 마음을 전한다. 곡식을 나누고 따뜻한 위로잔치를 연다. 이때부터 쌍 섶다리가 주천강의 상징이 된다. 이곳에는 아직도 쌍 섶다리를 놓을 때 부르던 노래가 전해온다.

에헤라 쌍 다리요

다리 노러 모두 가세

다리 노러 같이 가세

에헤라 쌍 다리요

장릉 알현 귀한 길의

강원감사 그 행차가

에헤라 쌍 다리요

나무꾼은 나무 베고

장정은 다리 놓고

에헤라 쌍 다리요[4]

영월은 단종의 고장이다. 그의 억울하고 비참한 죽음을 모르는 사람은 없을 것이다. 단종은 청령포로 유배되어 서러운 죽임을 당한다. 그 죽음에 여러 이야기가 분분하다. '권력에 눈이 먼 어느 아둔한 자가 뒤 창문에 목을 매달아 죽였다絞殺'는 설이 유력하다. 사약을 든 관원이 도착했을 때는 시신이 서강에 무참히 버려져 있었다는 이야기도 있다. 죽은 왕의 시신은 호장戶長 엄흥도嚴興道가 지금의 장릉에 고이 묻어준다.

정선아리랑과 더불어 단종의 죽음은 그 자체로 설움이다. 굽이굽이 흐르는 맑은 서강이 그래서 더욱 애잔하다. 쌍 섶다리를 지나온 맑은 물이 청령포에 무기력하게 갇힌 단종을 조금이나마 위로해주었을까? 말없이 흐르는 강물이 한

양에 두고 온 왕비에게 그리움 한 조각이나마 실어다 주었을
까? 청령포를 회돌이치는 서강이 눈부시게 푸르러 더 서러워
보인다.

물의 섬,
그곳을
지키는
무섬 외나무다리

　　강물에 깎인 가파른 절벽과 맞은편 모래사장이 너른 팔을 펼치는 품 넓은 강에 주로 외나무다리가 놓인다. 측방침식과 측방퇴적이 극명한 대조를 이룬 아름다운 풍경을 지닌 곳이다. 물은 빙글 돌아 나가고, 반짝이는 금빛 모래사장은 드넓기만 하다. 가파른 절벽은 모래사장을 품은 맑은 강물과 어우러져 마치 한 폭의 산수화 같은 풍경을 자아낸다.

　　대표적인 곳이 안동 풍천 하회마을이다. 마을 쪽 솔숲을 껴안은 모래사장과 풍성한 낙동강물이 깎아 빚어낸 부용대가 우뚝하다. 그러나 여러 이유로 하회에는 외나무다리가 없다. 사람들은 나룻배를 이용해 강을 건넌다. 50여 년 전에는 하회에도 섶다리가 있었다. 2019년에는 영국 왕세자 방문을 기념해 섶다리를 만들기도 했지만 그마저 폭우에 유실되고 말았다.

예천 회룡포에도 외나무다리가 있었다. 하지만 발길이 뜸해지고 인구가 줄어 사라진 지 오래다. 그 자리를 공사장 비계로 쓰는 구멍 숭숭한 철판으로 만든 다리가 대신하고 있다. '퐁퐁' 물이 솟는 모습을 '뽕뽕' 솟아난다고 오기해 '뽕뽕다리'라 부른다.

외나무다리 놓기

모래는 잘게 부스러진 돌 알갱이다. 이런 알갱이가 모이고 쌓인 밭이나 언덕沙丘이 모래사장이다. 강물은 이런 곳에서 회돌이한다. 풍성한 물 흐름에 완만한 개활지, 바람이 잘 통하는 곳이다. 하천 바닥은 오랜 시간 모래와 흙이 쌓여 상대적으로 지반이 무르다. 이런 지반에 다리를 놓으려면 어떤 방법으로든 지반을 안정화시켜야 한다. 통나무 여럿을 깊이 박아 튼튼한 인공 지반을 만드는 방법을 생각할 수 있다. 적심 작업이다. 또는 교각 설 자리를 미리 정해 깊이 파낸 뒤 단단한 기초를 세우는 방법도 있다. 하지만 둘 다 외나무다리에는 어울리지 않는다. 활용도에 비해 쏟는 공력이 엄청나서다. 게다가 비효율적이다. 대규모 기초 작업이 아닌 일체화된 구조물을 땅속에 깊이 박아 세우는 방법이 합리적이고 경제적이다. 이런 곳은 물이 많아 징검다리나 섶다리 놓기에는 불리한 여건이다. 굵은 나무를 통째로 박아 교각으로 삼고,

그 위에 상판 역할을 하는 가설물을 짜 맞춰 얹는 방법이 최적이다.

지름 20센티미터 내외의 통나무를 1.5~2미터 길이로 자른다. 끝을 뾰족하게 깎고 머리는 네모나게 다듬은 교각목을 강바닥에 깊이 박는다. 간격은 1.5~2미터가 적당하다. 이보다 더 두꺼운 나무를 길이 2~2.5미터 정도로 잘라 가지를 쳐내고 다듬는다. 한가운데를 정교하게 반으로 가르면 상판목이 된다. 교각목 간격에 맞게 상판목 둥근 면에 네모난 홈 두 개를 파낸 다음 네모나게 다듬은 교각 목 머리 부분에 잘 맞춰 끼운다. 이렇게 해서 만들어진 다리가 '외나무다리'다. 이런 방식으로 수십, 수백 개를 잇대어나가며 긴 외나무다리를 놓는 것이다. 상판목 폭이 30센티미터 내외로 좁아 교행이 가능하도록 중간중간 대피할 수 있는 여분의 공간을 따로 만들어두기도 하는데, 이런 공간을 '비껴 다리'라 부른다. 다리는 구불구불한 감입곡류하천°에서 흔하게 볼 수 있다. 이를 외나무다리라 부르기에는 좀 어색한 면이 있다. 우리 속담에 "원수는 외나무다리에서 만난다"라는 말이 있는데, 이때의 외나무다리는 '긴 통나무가 개울에 걸쳐진 다리'가 연상되는 게 통념이다. 이 다리는 실상 '외널판다리'에 더 가깝다.

하곡河谷 단면이 대칭인 굴삭곡류하천, 비대칭인 생육곡류하천으로 나뉨.

회돌이하는 물의 섬, 무섬마을

영주시에서 남쪽으로 곧게 흐르는 서천은 무섬마을 북쪽에서 내성천과 합류한다. 두 강이 만나 물이 급격히 불어

물 위에 뜬 연꽃 모양의 섬 같은 마을이라 해서 '물섬'이라 불리다가 '무섬'이 되었다.

나면서 내성천 본류를 이룬다. 구불구불 흐르는 내성천은 아름다운 곡류하천의 모습을 극명하게 보여준다. 동북 측 뒷산을 중심으로 물이 350도 휘감아 마을을 섬처럼 가둬놓는다. 강 양안에는 반짝이는 금모래가 지천이다. 수정처럼 맑은 물이 긴 혀를 내밀며 흐르는데, 흙과 바위를 깎아내고 다시 쌓아올려 그림 같은 풍경을 빚어낸다.

마을은 이런 'Ω형 입지' 때문에 여러 차례 목이 잘릴 위기에 처했다. 일제강점기 때는 중앙선 철길이, 군사독재 시기에는 짧은 곳으로 물길을 돌려 물이 회돌이하는 곳에 농토를 만들려는 시도가 있었다. 모두 마을 사람들 반대로 무산되긴 했어도 아찔한 순간이었다.

무섬마을은 문수면 수도리의 다른 이름이다. 물 위에 떠 있는 연꽃 모양의 섬 같은 마을을 처음에는 '물섬'이라 부르다 '무섬'이 되었다. 수도리水島里라는 지명은 무섬을 한자로 바꿔 쓴 것에 불과하다. 예부터 연꽃이 물 위에 떠 있는 형국이라 하여 '연화부수蓮花浮水' 또는 매화꽃이 땅에 떨어지는 모습을 닮았다고 해서 '매화낙지梅花落地'라 부르며 길지 가운데 길지로 꼽았다.[5]

마을은 우리네 전통에서 이상적인 입지라 여기는 배산임수를 철저히 따르고 있다. 동북 측에는 적당한 높이의 산이 마을 등허리를 받쳐주고, 남서 측에는 아담한 평지가 펼쳐져 있다. 특이하게 농토는 거의 없다. 금모래가 깔린 강가에는 제방을 빙 둘러 쌓았다. 북-서-남면으로 맑은 강물이 휘감아 흐른다. 가옥은 남서 측에 있는데, 좌향坐向은 남서향과 남동향이다. 자연이 내어준 지형에 최대한 순응한 얌전하면서도 앙증맞은 모양새다.

무섬마을에 들어선 외나무다리

무섬 외나무다리는 내성천을 길게 가로지른다. 강 건너 탄산리를 잇는 150미터 길이의 제법 긴 다리다. 유려한 S자로, 마치 용이 하늘로 날아오르는 모양새다. 다리는 수면을 중심으로 물 위와 물속으로 각각 50센티미터씩 드러나 있다. 상판 역할을 하는 널판은 30센티미터 내외, 길이는 2미터 안팎이다. 이런 단위구조물을 강바닥에 박아 끝을 잇대어가면서 방향을 자유자재로 조절해 S자 형상의 다리를 가설한 것이다.

무섬은 오랜 전통을 오롯이 간직하고 있는 수수한 마을이다. 전통한옥이 잘 보존되어 있고, 이름난 일부는 문화재로 지정되어 있다. 마을은 1666년에 입향시조 박수 어르신이 지은 만죽재에서 시작한다. 반남 박씨와 선성 김씨 집성촌이다. 사대부가 집성촌답게 오래전부터 마을에 전해 내려오는 말이 있다. "들어올 때는 외나무다리로 가마 타고 들어오고, 나갈 때는 외나무다리로 상여 타고 나간다"는 말이다. 요즘 같은 페미니즘 시대에는 썩 어울리진 않으나 마을이 생겨 번성하던 시대에는 꽤 타당했으리라.

무섬마을에는 여러 모양의 외나무다리가 있다. 원래

마을에서 밖으로 나가는 다리는 세 곳에 있었다. 영주로 가는 다리는 뒷다리(영주시장 갈 때 이용)라고 불린다. 지금 수도교 쪽에 있던 다리는 학교 갈 때 건너는 길이었다. 들에 일하러 갈 때 주로 이용한 다리는 '놀기미다리'라 했다. '놀기미논'으로 가는 다리라는 뜻이다.[6]

다리가 내어주는 배려

무섬 외나무다리는 조신한 몸가짐으로 건너는 다리다. 폭 30센티미터 내외의 상판 위를 조심스럽게 걸어야 한다. 긴 막대를 지팡이 삼아 강바닥을 짚어가며 건너기도 한다. 그 옛날에는 말 탄 사람은 말 탄 채 강바닥으로 건넜고, 말잡이는 외나무다리로 건넜다.

강은 외부와 경계 짓는 울타리이기도 하다. 무섬 외나무다리는 밖으로 넓게 열린 크고 너른 마음 씀씀이다. 안팎으로 마음을 주고받는 긴 통로다. 마을로 들어오는 잡다한 것들을 잘 선별해 받아들인다. 마을의 부끄러움은 되도록 감추고, 맑고 밝음에 이른 것들만 밖으로 내보여 나누고 소통하는 드넓은 길이다.

무섬 외나무다리는 양보와 배려이며 같이 건너는 다리다. 긴 다리 양쪽에서 마주 오는 사람이 보이면 어느 한쪽에서 먼저 기다려준다. 쉴 수 있는 여분의 비껴 다리를 만들어 둔 까닭이다. 다소 시간이 걸리는 것은 당연하다. 그래야 서로 엇갈린 방향으로 지나갈 수 있다. 이렇듯 상대방을 최대

외나무다리는 배려의 다리다. 마주 오는 사람이 있으면 한쪽에서 먼저 기다려준다.

무섬마을 외나무다리를 건너는 상여꾼들.

한 배려하도록 고안된 다리가 무섬 외나무다리다. 다리 평면 선형°은 여러 모양으로 변형이 용이하다. 직선은 물론 유려한 곡선도 가능하다. 한 단위의 일체화된 구조물이어서 배열을 자유자재로 변형시킬 수 있다. 이렇듯 무섬 외나무다리는 자유와 해학, 유연함이 물씬 풍기는 다리다.

°
평면적으로 본 도로 중심선의 형상. 직선, 단곡선, 완화곡선, 배향곡선 따위로 구성됨.

개방과 폐쇄의 조화

전통 유가儒家 관습은 개방과 폐쇄의 적절한 조화에 있다. 전통한옥도 개방과 폐쇄를 동시에 추구한다. 솟을삼문을 통과하면 바깥담 안으로 하나의 세계가 구축된다. 그중 사랑채는 밖으로 열려 있는 공간이다. 외부에서 방문하는 손님은 무시로 사랑채를 드나든다. 그러나 거기까지다. 안채는 철저하게 닫힌 폐쇄 공간이다. 사랑채와 안채를 가르는 중문과 중담이 개방과 폐쇄를 가르는 역할을 한다. 한옥의 참 멋은 이런 개방과 폐쇄가 적절하게 어우러진 모습에서 찾을 수 있다.

무섬 외나무다리 또한 개방과 폐쇄가 조화롭다. 마을 곳곳에 그런 흔적들이 묻어난다. 제방 안쪽 정갈하게 늘어선 집 대청마루에 서면 곧장 외나무다리를 바라볼 수 있다. 다리로 들고나는 사람과 물산을 살필 수 있는 배치다. 이때 제방이 절묘하게 경계이자 담장 역할을 맡는다. 다리를 건너 마을로 들어오는 모든 것이 관찰된다. 그들이 긴 다리를 건너는 동안 마을에서는 다소 여유를 가질 수 있다. 들고나는 길흉화복을 선별할 충분한 시간이 주어져서다. 이를 통해 받아들일 건 받아들이고, 배척할 건 철저히 배척해낸다.

도시나 촌락의 가로망 형상. 중심부에서 종적 연결은 방사선을, 횡적 연결은 환상선을 이용하는 가로망.

마을길도 제방을 중심으로 역逆 방사환상형°으로 구획되어 있다. 둥근 제방 길에서 각 가옥으로 드나드는 골목이 안으로 오므려져 있다. 모든 길이 제방을 통해 외나무다리를 향해 모이고 다시 흩어지는 배치다. 마을 형상과 가옥 배치는 물론, 가로 구획에서도 개방과 폐쇄의 적절한 조화를 추구한 세심한 흔적이 역력하다.

무섬 외나무다리에서 맑은 물이 흐르는 내성천을 바라보고 있으면 누구나 깊은 생각에 잠기게 된다. 가져간 모든 근심걱정을 흘려보내기엔 최적이다. 강물은 이를 너끈하게 받아준다. 강가에 서면 소월 시 〈엄마야 누나야〉가 절로 떠오른다. 무섬을 휘감아 흐르는 내성천은 소월 시가 노래한 정서에 가장 잘 어울리는 대표적인 곳이다.

가벼운 마음으로 무섬 외나무다리를 건너보자. 건너면서 금빛 모래가 반짝이는 내성천 맑은 물에 지친 마음 한 자락 살며시 흘려보내자. 넉넉하게 받아 안아줄 것이다. 무섬마을과 외나무다리는 그런 곳이다.

천년의
비밀을
간직한
진천 농다리

살아서는 이곳이 제일이라는 진천鎭川에 가면 특이한
다리를 만날 수 있다. '농籠다리'라 불리는 돌다리다. 다리는
충북 진천군 문백면 구곡리 굴티마을 앞을 흐르는 제법 굵
직한 세금천洗錦川을 가로지른다. 한 글자로 새겨진 다리 이
름 '농籠'에 대해서는 여러 해석[7]이 분분하지만 '돌이 무더기
로 한데 뭉쳐진'으로 유추하는 게 가장 타당해 보인다. 다리
가 축조된 연대는 정확지는 않지만 전문가들은 신라 말엽이
나 고려 초기로 추정한다.

특이한 형식의 다리
농다리는 세계 어디에서도 찾아볼 수 없는 형식을 가

진 다리다. 다리 형식°을 구분 짓는 관점에서 보면 농다리는 분명 특이한 구조물임에 틀림없다. 창원 주남저수지 인근의 '주남 새다리'와 형식은 유사하지만 그 구조는 판이하다. 두께 16~20센티미터의 넓적한 돌을 교각 사이에 걸쳐 상판으로 삼았기에 굳이 분류하자면 널돌다리板形石橋로 볼 수 있겠다. 긴 세월 세굴이나 침하가 없었던 점으로 미루어 지반은 아주 단단한 흙이거나 암석일 확률이 높다.

농다리는 자색 계열 사암砂岩으로 축조했다. 퇴적암의 일종인 사암은 여러 암석이 침식과 풍화작용으로 잘게 쪼개져 한곳에 쌓여 있다가 외부에서 가해진 어떤 강력한 압력으로 굳어진 암석이다. 따라서 그리 단단한 돌이 아니다. 이런 돌들이 모여 1000년 이상을 버텨내고 있는 것이다. 흡사 가진 것 없고 힘없는 백성들이 한데 모여 어마어마한 힘을 발휘해내는 모습을 똑 닮았다. 진천군 향토사를 기록한 《상산지商山誌》는 이 돌을 가리켜 '자석배음양磁石配陰陽', 곧 "음양을 고루 갖춘 돌"이라 말한다.

교각의 축조 방식

농다리의 특이성은 무엇보다 교각 축조 방식에 있다. 교각은 튼튼한 일체형 구조물을 지반에 깊이 박거나 땅을 깊이 파내 단단히 고정시키는 게 일반적이다. 하지만 농다리는 이런 원칙에서 철저히 벗어나 있다. 크고 작은 잡석을 '막쌓기'로 쌓아 올려 교각을 축조한 것이다. 돌무더기가 1000년

°
외부에서 가해지는 힘을 어떤 방식으로 분산시켜 구조물의 안전성을 확보 하느냐의 차이로 구분.

다시, 오래된 다리를 거닐다

큰 지네가 기어가는 형상을 닮은 진천 농다리.

이상을 버텨낸 비밀은 바로 이 돌쌓기에 있다. 허술한 듯 보이지만 매우 정교한 기술로 돌을 '들여쌓기'와 '엇물려쌓기' 했다는 점이 바로 비밀을 푸는 열쇠다.

방식은 이렇다. 먼저 가장 큰 돌을 강바닥에 놓고 지반과 맞닿는 부분 틈 사이에 작은 돌을 끼워 넣어 정교하게 고정시킨다. 그 위에 또다른 돌을 들여쌓는다. 같은 방법으로 틈을 고정시켜 단단히 자리를 잡아준다. 위에 얹는 돌은 철저히 엇물려 쌓는다. 이런 방식으로 계속 돌을 쌓아 나간다. 크기 30~40센티미터의 돌을 들여쌓아 위에서 내려다보면 '물고기 비늘'이 잇닿아 있는 모양으로 보인다. 평면은 물살 저항이 최소화되도록 '긴 타원형의 나룻배' 형상을 했다. 아울러 쌓인 돌 틈으로 물살이 무시로 드나들어 저항이 그만큼 줄어들게 고안했다. 이런 방식으로 너비 1.2미터, 길이 3.6미터, 높이 1.5미터의 개개 교각을 만들었다. 아래는 넓고 위로 갈수록 좁아지는데, 총 28개 교각을 만들다 보니 멀리서 바라보면 거대한 돌무더기가 한데 쌓여 있는 듯하다. 쌓인 돌무더기 자체가 지대석_{址臺石}° 역할을 해내는 다리라 할 수 있다. 널다리나 널돌다리에서 흔히 사용하는 지대석을 농다리에서는 위로 쌓아 올려 교각으로 변형시킨 것이다.

평면 선형은 약간 구부러진 곡선이며 교각 가장자리 사이 거리(경간)는 80~90센티미터로 비교적 좁다. 그 위에 상판 역할을 하는 길이 1.3~1.7미터, 너비 1미터 내외의 돌판을 얹었는데, 상판 역할을 하는 돌판과 교각 역할을 하는 돌

° 건축물을 세우기 위해 마련한 터 바닥에 쌓은 돌.

다시, 오래된 다리를 거닐다

무더기의 아귀가 절묘하게 맞아 교묘하게 잘 짜인 형상이다. 교각은 평균적으로 수면 위아래로 각각 76센티미터가 노출되어 있다. 93.6미터 길이의 다리는 새의 눈으로 내려다보면 마치 엉금엉금 기어 하늘로 오르려는 지네를 보는 듯하다.

농다리와 바로 잇닿는 하류부터 물살이 빨라지는데, 이곳에는 물의 속도를 조절하는 장치가 되어 있다. 세금천을 가로질러 바닥에 두터운 잡석이 고르게 깔려 있는데, 농다리와 이 잡석 무더기 때문에 물살이 다리 밑을 느리게 통과한다. 다리 밑을 지나는 물이 잡석 층의 저항을 받아서다. 이 지대를 벗어난 물은 낙수하듯 빠르게 흐르기 시작한다. 막돌을 쌓아 만든 다리가 1000년 넘게 버틴 충분한 이유 중 하나이리라.

농다리에 서린 전설

농다리는 나라에 큰 변고가 생길 징조가 보이면 신호를 보내곤 했다. 1894년 청일전쟁에서 승리한 일본이 야금야금 조선에 마수를 뻗치자, 이에 항거한 '동학농민혁명' 때는 장마에 다리 상판이 물에 떴다고 전한다. 1910년 일제에 나라를 빼앗기던 때와 1950년 동족상잔 비극인 한국전쟁 때에는 다리가 몇 날 며칠을 울었다 한다. 멀리서 바라보면 거대한 돌무더기가 쌓인 것처럼 보이는 농다리가 변고를 슬퍼한 이유는 무엇일까? 나라에 변고가 생기면 눈물처럼 땀을 흘린다는 비석 이야기는 들어봤으되, 다리가 울었다는 이야기는 처음이어서 무척 흥미롭다.

농다리에 얽힌 전설은 주로 다리가 만들어진 사연과 관련되어 있다. 굴티마을은 상산 임씨의 오랜 세거지世居地로 '임연'이라는 장군이 살았다. 역사에는 몽고 침략기인 고려 무신정권 말기를 장식한 인물로 알려져 있다. 매일 아침 세금천에서 세수하는 장군이 한 여인을 만난다. 추운 겨울, 여인은 개울을 건너지 못해 애를 태운다. 사연인즉, 아버지가 위독한데 강물에 막혀 가 뵙지 못한다는 것이다. 이에 장군이 용마를 타고 주변 돌들을 모아 급하게 만든 다리가 농다리라는 것이다.

다른 하나는, 힘이 장사인 장군 누이와 관련된 이야기로 둘은 어느 날 죽고 사는 내기를 한다. 장군은 굽 높은 나막신에 코뚜레도 꿰지 않은 맨 송아지를 끌고 서울에 다녀오고, 누이는 돌다리를 놓는 시합이다. 돌다리는 거의 완성되어 가는데 장군은 돌아올 기미가 없다. 이를 안타깝게 여긴 장군의 어머니가 누이가 좋아하는 뜨거운 팥죽으로 다리 놓는 일을 지연시킨다. 결국 장군이 이기고 누이는 약속대로 죽음을 맞이하는데, 마지막 교각을 놓지 못하고 죽었다는 전설이다. 후에 마을 사람들이 28번째 교각을 쌓았으나 큰물에 이 교각만 자꾸 무너지곤 했다 전한다.

농다리가 상징하는 것들

농다리에는 여러 의미가 함축되어 있다. 첫째는 '막돌

상판 역할을 하는 돌과 교각 역할을 하는 돌무더기가 절묘하게 맞아 잘 짜인 형상이다.

들의 조화'로만 이뤄진 다리라는 점이다. 크고 작은 돌들이
각자 자리에서 맡은 역할을 다하고 있다. 주어진 역할에 충
실한 것만으로 1000년을 견뎌냈다. 돌은 여러 광물이나 유기
물이 결합되어 만들어진 존재다. 여러 물질이 자연작용으로
한데 모여 단단한 결정체를 이룬다. 하나로 뭉쳐진 집합체가
된 것이다. 절대 서로 비하하지 않는다. 흔들리지도 않고, 쉽
게 분열하지도 않는다. 외부에서 강력한 힘이 가해지지 않는
한 분체粉體 본성을 끝까지 지켜낸다. 이것이 돌의 특성이다.
함부로 대할 대상이 절대 아니다. 농다리는 이런 막돌들이
조화를 이루며 만들어낸 1000년의 구조물이다.

둘째는 28개 돌무더기 교각이 하늘의 별자리인 '28숙
宿'을 상징한다는 점이다. 고대부터 하늘의 별을 28숙으로 구
분했다. 우주를 바라보는 세계관으로 오행五行°과 길흉화복이
내포되어 있다. 달이 한 달 동안 지나는 길을 따라 하늘을 동
서남북 4개 방위로 구분해 궁宮이라 칭하는데, 여기서 4궁을
각 7개 숙宿으로 나누어 28숙을 정한다. 이는 우리 옛 도시계
획에도 적용된 방법으로, 조선 신도시 한양은 각 4개 방위에
인의예지仁義禮智로 도성 4대문을, 춘하추동春夏秋冬으로 궁궐 4
대문을 정했다. 여기에 도시를 둘러싼 산으로 좌청룡, 우백호,
남주작, 북현무를 형상화하고, 그 내부에 가로를 구획해 도시
를 만들어냈다. 이를 바탕으로 궁궐 내 전각 배치와 좌향, 토
지 이용, 집단 주거지와 상업지를 결정했으며, 산과 물길을
고려해 도성을 건립했다. 농다리는 28숙 별자리를 28개 교각

°
우주 만물을 이루는 다섯
가지 원소인 금金, 수水,
목木, 화火, 토土를 이름.

으로 형상화한 다리다.

셋째는 농다리가 '수월교水越橋'라는 점이다. 홍수가 져 많은 물이 흐르면 자연스럽게 다리 위로 물이 넘쳐흐르도록 설계되었다. 한강 잠수교 같은 사례가 없는 것은 아니지만, 홍수 때 물이 다리를 넘쳐흐르게 계획한다는 것은 일반적으로 매우 우매하고 위험한 짓이다. 큰물이 다리 위로 넘치면 구조물에 변형이 오기 때문이다. 그럼에도 농다리는 홍수 물이 자연스럽게 다리 위를 넘도록 만들어졌다. 그만큼 물의 흐름에 순응했다는 방증이다. 흐름을 방해하거나 거부하지 않고, 자연스럽게 조화를 이뤄낸 보기 드문 다리다.

김유신 장군이 건넌 다리

진천은 김유신이 태어난 고장이다. 아버지 김서현은 금관가야 왕족 후손으로 진골이었다. 신라는 골품제가 엄격해 골품 외 통혼通婚이 금지되어 있었다. 김서현은 성골인 진흥왕의 아들 갈문왕 입종의 손녀 만명萬明에게 반해 동거에 들어간다. 골품제를 어기고 그녀를 부인으로 삼은 것이다. 둘 사이 잉태한 김유신은 20개월 만에 세상에 나온다. 무격신앙 숭배자들이 신격화한 이야기로 보인다.

신라에서 살아남으려는 김유신 집안의 절치부심이 눈에 선하다. 아버지는 골품제까지 어겨가며 성골에 진입하려 애를 쓴다. 김유신은 누이동생을 권력 핵심으로 부상하는 김춘추에게 시집보낸다. 금관가야 왕족으로, 신라에서 귀족으

무릉도원을 꿈꾸는 커다란 돌 지네가 엉금엉금 세금천을 건너고 있다.

로 살아남으려는 처절한 몸부림이다. 엄밀한 의미에서 김유신에게 신라는 원수의 나라에 다름 아니다. 진위 여부를 떠나 농다리는 김유신이 군사를 몰아 백제를 공격한 루트로 알려져 있다. 태어나 태를 묻은 고향을 전쟁의 험로로 삼은 것이다.

진천을 흔히 '생거진천生居鎭川'이라 부른다. 물난리나 가뭄 피해가 적은, 자연환경이 뛰어난 곳이라는 의미다. 풍수지리에서 말하는 '장풍득수藏風得水'한다는 길지다. 겨울에는 차가운 북서풍을 막아주며 사계절 맑은 물을 얻을 수 있어 안온한 삶이 보장된다는 고장이다. 여기에 순박하고 후덕한 인심이 어느 때라도 사람을 따뜻하게 맞아주는 살기 좋은 곳이 진천이다. 진천이 현존하는 무릉도원일까? 살아 충만한 행복을 느끼는 고장이라면 죽어 어디에 묻히는지가 뭐 그리 중요할까? 진천은 그런 걱정 하지 않아도 괜찮은 고장이다. 진천에 가면 무릉도원을 꿈꾸는 커다란 돌 지네가 엉금엉금 세금천을 건너고 있다. 그 등에 올라 타 꿈처럼 무릉도원에 다다라보는 것은 어떨까?

아름다운
향기로
세상을
취한
경복궁 취향교

널다리木板橋는 나무 널빤지를 깔아 상판을 만든 다리
다. 한반도 곳곳 크고 작은 개울에 있었을 것으로 추정한다.
교각도 모두 나무로 만들었을 개연성이 높다. 옛 지명으로
남아 있는 '너더리'라 부르던 곳에는 대부분 나무로 만든 널
다리가 있었다. 한자로 판교板橋라는 지명을 가진 곳들이 그
렇다.

하지만 지금은 흔적도 찾을 수 없을 만큼 옛 널다리는
모두 자취를 감추고 말았다. 나무라는 재료의 한계로 사라지
거나 돌다리로 바뀌지 않았을까. 오래된 이름만 땅 자리에
새겨두었다. 이름 없이 스러져간 백성을 보는 기분이다. 현존
하는 널다리는 비교적 최근 만들어진 것들로 주로 궁궐 등에

남아 있다. 다리에도 이처럼 극명하게 구별되는 계급이 있을 줄이야….

경복궁 향원지 취향교

구중궁궐 네모진 연못 안에 신선이 노닌다는 둥근 섬을 만든다. 천원지방天圓地方, 곧 "하늘은 둥글고 땅은 네모지다"라는 전통 우주관의 형상화다. 섬 위에는 멋진 정자를 세우고, 섬을 바깥으로 잇는 멋들어진 널다리를 놓는다. 정갈한 매무새에 고르고 가지런한 우물마루, 난간을 양팔처럼 정중하게 들어 세운 널다리는 단아한 자태를 한껏 뽐낸다.

은은한 달빛이 연못에 깃털처럼 살포시 내려앉는다. 물은 잔잔하다. 고귀한 지존께서 한적하게 다리 위를 거닌다. 튼실한 교각이 다리를 받치고 있어 추호의 흔들림도 없다. 상판 위를 걸으면 나무 특유의 부드럽고 따뜻한 촉감이 발끝에 전해온다. 발소리마저 유연하게 안으로 흡수해준다. 돌에 부딪혀 둔탁하게 반발하며 튀어 오르는 소리가 아니다. 결코 거역하지 않는다. 부드럽게 순응하며 안겨온다. 조용히 산보하려는 고귀한 지존의 번잡한 마음까지 다스려준다. 발아래 저 낮은 곳에서 오로지 순종만 하는 가여운 백성을 보는 듯하다. 널다리는 순한 백성을 닮았다.

하지만 모든 게 궁금해진다. 다리를 거닐던 지존 고종과 왕후 민씨는 과연 격에 어울리는 품위와 멋, 정신과 철학을 갖고 있었을까? 혹여 성정이 난잡하지는 않았을까? 무슨 생각을 하며 다리를 건너다녔을까?

경복궁 향원지에 있는 널다리, 취향교가 최근 복원되었다. 고종이 건청궁을 지으면서 만들었던 첫 모습을 올곧이 되찾았다는 평가다. 둥글고 미끈한 나무 기둥을 양쪽에서 안으로 오므려 빗각으로 세워 만든 새하얀 교각은 구조적인 안정감을 느끼게 한다. 쌍을 이룬 교각을 단출한 멍에목으로 결구시켰다. 3열 배열의 각 교각은 높이가 달라 귀틀목°이 자연스럽게 타원을 이룬다. 2중의 타원형 귀틀목 위로는 홑겹의 통 널빤지를 깔아 상판을 완성했다. 널빤지는 연한 갈색 나무 본연의 색깔이며 상판 형상은 '아미蛾眉'를 빼어 닮은 유려한 타원형이다. 상판 가장자리를 따라 네모진 나무틀 안에 흰색 나무를 X자로 엇지른 난간을 두었는데, 이를 연달아 이어 붙여 전체적인 안정감을 더했다. 몸통은 흰옷 입은 백성을 연상시키는, 초승달 모양이다.

교대와 교각, 교각과 교각 사이에 걸어 결구시키는 부재. 상판을 떠받치는 부재.

수난의 경복궁

경복궁은 조선왕조 정(법)궁이다. 이성계가 조선을 건국하고 한양으로 천도하면서 만든 궁궐이다. 1395년 완공 당시에는 그리 큰 규모가 아니었다. 외전 192칸, 내전 173칸, 기타 390칸으로 총 755칸의 아담한 규모였다. 궁궐이 지어진 때로부터 약 200여 년 동안은 외적의 큰 침입이나 전쟁이 없는 평화로운 시대였다.

왜적이 침범한 1592년, 왕 선조는 궁궐과 도성, 백성을 버리고 북으로 도망치듯 피난을 떠난다. 참으로 비겁한 왕이었다. 이에 실망하고 크게 화가 난 백성들이 경복궁에 불을 지른다. 혹자는 왜군이 방화했다고 주장하기도 한다. 경복궁 터는 이후 270여 년 동안 폐허로 방치되었다.

조선 후기 어린 아들을 왕으로 내세운 흥선대원군은 여러 개혁 정치를 단행한다. 그중 가장 크게 신경 쓴 정책은 안동 김씨와 풍양 조씨 세도정치를 끝장내는 것이었다. 세도정치 세력을 권좌와 정계에서 대거 몰아낸 대원군은 여기에 더해 왕권을 강화하고 권위를 확보하려는 방편으로 경복궁 중건을 밀어붙인다. 그런데 돈이 부족하다. 직접 그린 난蘭 그림을 팔아 돈을 마련하기까지 한다. 심지어 가짜 난 그림이 시중에 나돌기도 한다. 엉뚱한 화폐를 무리하게 발행하자 화폐기제가 무너져내려 경제는 수렁으로 빠진다. 백성들 삶은 엉망이 되었고, 민심은 사나워졌다. 많은 문제가 있었지만, 그럼에도 경복궁은 1868년 7월 2일 완성된다. 13만여 평 대지에 330여 동의 궐내 전각 7225칸 반, 후원 전각 232칸 반, 궁성 1063칸 반, 후원 둘레 698칸 반의 대규모 궁궐로 중건된다.

일본은 조선을 강점하기 서너 달 전, 경복궁 전각 4000여 칸을 헐어 민간에 팔아먹는다. 전각은 주로 요릿집과 기생집으로 변했고, 일본으로 건너간 전각도 부지기수였다. 1914년 7월에는 일제 통치 5주년을 기념하는 일명 '조선물산공진회'의 개최 공간을 확보한다는 명분으로 광화문 뒤와 흥례문, 자선당(동궁) 일단의 전각이 모두 헐린다. 그리고 그

다시, 오래된 다리를 거닐다

자리에 '조선총독부 청사'가 1926년 들어선다. 1917년에는 창덕궁에 불이 나자 경복궁의 수많은 전각을 뜯어내 이건移建시킨다. 이 궁궐의 모습이 이 나라 비극을 쏙 빼닮았다.

건청궁 건립과 취향교

흥선대원군 집권 10년이 훌쩍 지나가고 고종은 성인이 된다. 고종은 아버지로부터 권력을 찾아오고 싶어 했다. 아니, 고종이 아니라 왕후 민씨가 그러고 싶어 했는지도 모른다. 대원군 반대파들을 규합해 대표 주자로 면암 최익현을 내세운다. 최익현의 대원군 탄핵은 매서웠다. 집권 명분은 미약했고, 성인이 된 국왕을 섭정攝政하려는 한계가 보이기 시작한다. 무리해 경복궁 중건을 밀어붙인 부담도 가중된다. 결국 흥선대원군은 1873년 실각하고 만다. 그러나 권력을 가져온 고종과 왕후 민씨는 어리석고 아둔했으며 무능했다. 안동 김씨와 풍양 조씨가 물러난 자리에는 여흥 민씨가 들어앉았다. 새로운 세도정치의 시작이었다. 나라는 다시 썩어들어간다. 대원군이 그토록 막고 싶었던 외척 집단의 발호였다. 서양 열강과 일본은 호시탐탐 조선을 노렸으며, 나라는 점점 힘을 잃어갔다.

고종은 권력을 찾아온 기념으로 1873년 경복궁 안쪽 깊숙한 곳에 '건청궁'을 새로 짓는다. 아버지로부터 독립을 기념하는 상징이었다. 내탕금을 사용한다. 여러 말들이 나돌고 문제가 생기지만 그래도 공사는 강행된다. 결국 이 전각

에서 그토록 권력을 탐했던 여인 왕후 민씨가 1895년 일본
낭인들 손에 죽임을 당한다. 1909년에는 일본인들 손에 건청
궁마저 헐리고 만다.

고종이 건청궁을 지으면서 그 아래 남쪽에 판 연못이
바로 향원지香遠池다. 시기는 불명확하지만 1867년에서 1873
년 사이로 추정된다. 이 자리는 조카를 쫓아내고 죽이기까지
한 세조가 1456년 연못을 파 섬 안에 '비취빛 이슬'을 뜻하는
취로정翠露亭이라는 정자를 지었던 곳이다. 고종은 향원지 동
남쪽에 담장을 쌓고 동쪽 담장에는 인유문麟遊門과 봉집문鳳集
門을, 남쪽 담장에는 정중문正中門을 달아 출입을 통제한다.[8]

고종은 연못을 네모지게 파고 한가운데에 둥근 섬을
만들고는 그 안에 2층짜리 멋들어진 목조 정자도 짓는다. 향
원정香遠亭이다. 어떤 향기가 그리 멀리까지 나아갔는지는 알
수 없지만 이름만은 정말 그럴듯하다. 건청궁 정문에서 계단
을 내려와 향원정으로 향하는 자리에 널다리를 놓는데, 길
이 32미터, 너비 1.65미터 규모였다. 고종은 다리를 취향醉
香橋라 이름 붙였다. 역시 어떤 향기에 그리도 취했는지 의문
이다. 권력이라는 달콤한 향기였을까? 아니면 나라와 백성을
살피지 못한 우매한 향기였을까?

조성 당시 향원지 네모진 연못 호안護岸°은 석축이었다.
둥근 섬 호안에는 나무를 촘촘하게 박아 뒤에서 밀려오는 토
압을 견디도록 했다. 몇 번의 개축을 통해 지금은 섬 호안도
석축으로 바뀌었다.

°
강이나 바다의 기슭이나
둑 따위가 무너지지 않도
록 지지하는 구조물.

수난과 곡절의 취향교

건청궁 쪽 취향교 교대는 연못 석축 위에 단을 높여 만들었고, 다리로 향하는 작은 출입문을 곁들였다. 섬 안 교대는 향원정으로 향하는 보도와 잇닿는 곳에 큰 돌을 각지게 다듬어 만들었다. 2017년 발굴 당시 교각을 받치는 초석 자리에서 적심이 나왔다. 땅을 파내고 그 자리에 잔돌을 쌓아 지반을 보강한 흔적이다. 정확한 연도는 알 수 없지만 영국인 화가 '아놀드'라는 사람이 찍었다는 사진에서 옛 취향교 모습을 극명하게 확인할 수 있다. 사진에 나온 취향교는 유려한 곡선을 품은 새하얀 널다리다.

취향교 역시 굴곡진 우리 역사와 운명을 같이한다. 나무다리의 한계는 짧은 수명이다. 썩거나 부서지면 즉시 보수하거나 재가설해야 한다. 일제는 취향교를 여러 번 재가설한 것으로 보인다. 취향교는 시기별 사진마다 각기 다른 모양새를 취하고 있다. 타원형이 점차 낮아지기도 하고, 교각 모양이 바뀌기도 한다. 그런 고초를 견뎌내던 취향교는 한국전쟁 때 완전히 소실되어 사라져버린다.

우리가 지난 70여 년 동안 봐오던 향원정 모습은 남측에 놓인 취향교와 함께였다. 이 널다리는 2020년 자취를 감춘다. 향원지 남측 취향교는 1953년 본 자리가 아닌 곳에 가설한 널다리다. 4각 돌기둥 교각을 잘 다듬은 멍엣돌로 결구시켰고, 멍엣돌 위에 귀틀목을 걸고 길고 두꺼운 홑겹 널빤지를 깔아 상판을 만들었다. 난간은 동자목을 세워 난대목을

(6) The Koentey in Palace Garden, Keijo. 亭遠香宮福景城京 （所名鮮朝）

Keijokokyo-Konutei, Keijo.
亭遠香宮福景 （所名城京）

1909년 이전 모습으로 추정되는 취향교(위, 섬 호안이 나무로 되어 있음)와
난간이 없는 평면에 가까운 다리가 들어서 있는 일제강점기로 추정되는 취향교(아래).

1953년 향원정 북쪽이 아닌 남쪽으로 가설된 취향교.

복원 중인 향원정과 취향교. 취향교는 고종이 만들 때처럼 새하얀 초승달 모습이다

끼우고, 그 사이에 틈이 없는 하엽 목판을 맞춰 넣었다. 다리는 궁궐에 어울리는 단청을 하고 있었다. 약 3미터 경간 배열의 총 10열 교각으로, 전체 길이는 약 33미터였다.

고종이 건청궁을 지으면서 만들었던 취향교가 복원되어 지난 70여 년 봐오던 향원지 풍경이 새롭게 바뀌었다. 향원정 역시 보수되어 단장된 모습이다. 널다리는 고종이 맨 처음 만들 당시와 같은 새하얀 초승달 모습으로 원래 자리를 되찾았다. 시대와 세대도 바뀌었다. 복원된 취향교와 보수되어 새로워진 향원정이 뿜어낼 맑고 아름다운 향기가 천 리를 넘어 만 리까지 뻗어가길 빌어본다.

동쪽
길목에서
꿋꿋하게
살아남은
살곶이다리

우리 속담에 "돌다리도 두들기고 건너라"라는 말이 있다. 매사 확실해 보이는 부분도 꼼꼼하게 살피고 행동하라는 의미다. 속담에 등장하는 두들기고 건너야 하는 돌다리는 널돌다리가 아닐까. 널돌다리는 어지간해서는 절대 무너지지 않는 튼실함의 상징이다.

그러면 널돌다리는 왜 튼튼한 걸까? 부재끼리의 '짜임'이라는 결구에 비밀이 숨어 있다. 한옥 결구는 매우 정교하다. 못이나 꺾쇠를 절대 쓰지 않는다. 모든 부재를 짜 맞춘다. 이른바 '가구식架構式 결구'다. 한 덩어리로 잘 짜인 구조체로 힘荷重을 받는 방향이 분산되어 지진에도 잘 견뎌낸다. 목조의 결구 방식이 석조에도 그대로 적용되는데, 널돌다리에 가

구식 결구가 유사한 방식으로 응용된 것이다. 그래서 튼실하다. 짜 맞춰 축조하는 방식은 유사하다. 나무냐, 돌이냐 사용한 재료의 차이만 있을 뿐이다.

하나의 구조물로 짜인 널돌다리

널돌다리 축조는 단순하다. 교각 놓을 자리를 적심하고 주춧돌 모양 지대석을 앉힌다. 지대석 위에 교각 모양으로 홈을 파 물이 흐르는 방향에 돌기둥 각진 곳이 닿도록 세운다. 열 맞춰 세운 개개 교각에는 멍엣돌을 깎아 걸치거나 교각 머리에 홈을 파 흔들리지 않게 끼워 맞춘다.

열 지어 선 교각끼리는 멍엣돌 위에 귀틀돌을 얹어 같은 방식으로 결구시킨다. 귀틀돌 없이 자연석 상판을 그대로 얹어 완성하기도 한다. 멍엣돌이나 귀틀돌끼리 접하는 부분은 끝단에 나비 모양 홈을 파 쐐기돌을 박아 고정시킨다. 귀틀돌 윗부분을 다듬어 널돌板石(청판석)을 끼워 맞추면 상판이 완성된다. 널돌은 상부에서 가해지는 하중을 견뎌낼 만큼 충분히 두꺼워야 한다. 귀틀돌 개수에 따라 상판(널돌) 열이 결정된다. 난간을 갖춘 다리는 궁궐이나 청계천 외에서는 찾기가 쉽지 않다.

널돌다리는 결구되어 '하나로 잘 짜인' 구조물이다. 부재들 서로가 잇닿아 엇물려 있다. 짜였다는 건 '하나의 흐름이고, 하나의 힘이며, 모두의 균형'이다. 어느 부재에 문제가 생겨도 다른 부재들이 이를 나누고 보완해주는 역할을 해낸다. 서로 떠안으며 깊이 포용하고 함께하는 것이다. 이런 균형과 조화가 눈에 보이지 않는 또다른 아름다움이다.

이성계와 이방원 그리고 살곶이벌

청계천이 중랑천과 만나 한강으로 흘러드는 길목 동측에 너르게 펼쳐진 벌판을 '살곶이벌箭串坪'이라 불렀다. 다른 이름으로는 화살箭을 쏘았던, 물 쪽으로 삐죽이 튀어나온 땅串이라는 의미로 '전곶평箭串坪'이라 일컫기도 했다. 오늘날 뚝섬 경역이다.

이방원이 일으킨 두 차례 왕자의 난으로 새로 건국한 조선에 피바람이 인다. 이성계 입장에서는 건국 직전 정몽주를 죽인 아들이다. 건국 이후에는 최고 신하라 여긴 정도전마저 친위 쿠데타를 일으켜 죽여버린다. 둘 다 새로 만든 나라를 함께 경영하고 싶었던 신하들이었다. 이성계는 함흥으로 돌아가 은거한다. 왕의 자리를 강압으로 빼앗다시피 한 이방원은 아버지께 용서를 빈다. 여러 신하를 보내 아버지를 달래보려 하나 모두 죽임을 당하거나 갇히고 만다. 야사에 전하는 '함흥차사咸興差使' 유래다.

하지만 이성계도 시간을 되돌릴 수 없다는 것을 잘 알았다. 자신도 무력을 동원해 반 강압적으로 나라를 빼앗다시피 차지하지 않았던가? 한양으로 돌아오는 길에 멀리까지 마중 나온 이방원을 향해 활시위를 당겨 화살을 쏜다. 이에 이방원은 몸을 숨긴다. 나무 기둥 뒤로 숨어 아버지가 쏜 화살

살곶이다리는 한양에서 함경도, 강원도, 경상도로 나아가는 주요 길목에 놓였다.

을 무사히 피한 것이다. 신궁神弓 이성계는 화살이 빗나가자 하늘의 뜻임을 수긍하고 이방원을 왕으로 인정했다고 한다. 야사로 전해 내려오는 이야기다.

이성계가 활을 쏘았다는 곳이 바로 '살곶이벌'이다. 왕십리와 뚝섬을 가르며 흐르는 중랑천 하류에 위치한 이곳에 길이 75.75미터, 폭 6미터의 거대한 널돌다리가 놓여 있다. 겸재 정선鄭敾이 그린 〈압구정도〉에서 전곶평과 저자도楮子島, 살곶이다리가 환상처럼 펼쳐진 모습을 확인할 수 있다.

살곶이다리가 생긴 연유

살곶이다리 교각을 떠받치는 지대석은 주춧돌 모양이다. 하천 바닥에 여러 개 돌을 박아 물살 흐름을 제어한 흔적이 뚜렷하다. 교각은 횡으로 4열인데, 4열 교각에 3개의 멍엣돌을 얹었다. 멍엣돌에는 4열 귀틀돌을 걸어, 3열 우물마루 형상 상판을 얹었고, 종으로는 21열 교각을 세웠다. 길이 75.75미터 다리에 21열 교각은 경간이 평균 3.44미터라는 의미다. 상부에 돌난간을 따로 세우지는 않았다. 횡 4열 교각기둥 중 가운데 두 개를 가장자리보다 약간 낮게 세웠는데, 이는 교량 상부에서 전달되는 힘(하중)을 분산시키려는 계산된 설계다. 다리 안쪽으로 하중이 쏠리게 함으로써 구조물의 안정성을 높인 것이다. 지혜로운 설계다. 교각을 이루는 돌기둥 두께는 제각각이다. 다만, 가운데 낮게 세운 교각에 걸리는 멍엣돌이나 귀틀돌이 가장자리 것보다 두껍다. 부재 높낮이와 두께를 달리 함으로서 상판의 평탄성을 확보하고 역시 다리에 가해지는 하중을 분산시키려는 의도다. 다리 양측 교대는 크고 묵직한 석축을 쌓아 축조했는데, 이는 2013년 발굴 복원 과정에서 확인되었다.

이곳에 돌다리가 생기게 된 것은 이방원 때문이다. 세종에게 왕위를 물려주고 상왕으로 물러난 이방원은 이곳 살곶이벌에서 사냥과 군사훈련을 즐겨했다. 세종 1년(1419년 2월 21일) 실록에 "상왕이 살곶이벌 동쪽 증산甑山 근처에 이궁離宮을 건립하여 낙천정樂天亭이라 이름하였다"라는 기록이 전한다. 낙천정에서 대마도 정벌을 논의하고, 정벌이 이뤄진 뒤에는 축하연을 열기도 했다. 세종은 이방원에게 수시로 문안을 다녔고, 아버지가 죽고 나서도 낙천정에 들러 휴식을 취했다는 기록이 실록에 자주 등장한다. 이방원은 살곶이벌 어딘가, 아니면 무척 아름다웠다는 저자도에 '별궁과 정자가 딸린 낙천정'[9]을 지어 기거하다시피 했다.

이궁과 정자를 무시로 드나드는 것도 부족해 그곳에서 생활하기까지 한 이방원 그리고 수시로 문안을 다닌 세종. 그들은 살곶이내(중랑천) 건너는 게 쉽지 않았던 모양이다. 세종 2년(1420년 5월 6일) 실록에는 "상왕의 명으로 영의정 유정현과 박자청에게 살곶이내에 다리 놓는 공사를 감독하게 하였다"라는 내용이 있다. 이 공사는 다시 이방원의 명으로 약 20여 일 뒤 중단된다. 장마에 대비해 도성 안 개천(청계천) 정비에 모든 인력과 장비가 쓰여야 한다는 이유에서다. 이방원

지혜로운 설계가 돋보이는 살곶이다리 하부의 짜임.

이 살곶이 들판과 훈련장, 사냥터 그리고 낙천정[10]을 얼마나 좋아했는지 알 수 있는 대목이다. 특히 낙천정에서 바라본 한강 경치는 일품이었다 한다.

살곶이 널돌다리가 완공된 때는 최초 가설일로부터 무려 63년이 지난 성종 14년(1483년)에 이르러서다. 다리가 완공된 뒤에는 평지를 걷는 느낌이 든다는 의미로 '제반교濟盤橋'라 불렀다. 이방원 이후 왕들도 살곶이벌에서 사냥이나 군사훈련을 실시했다는 기록이 실록에 자주 등장하는데, 살곶이다리 건설 과정에 대한 뚜렷한 기록이 없는 것은 아쉽다.

중랑천이 만들어낸 저자도와 한강 섬들의 운명

저자도는 중랑천과 한강이 만나 삼각주를 이루는 곳, 한강에 있던 섬이다. 섬 이름에서 닥나무가 많은 섬이었다는 걸 알 수 있다. 동쪽은 토지가 비옥해 목축에 적당했고, 가운데 높은 언덕에는 멋들어진 정자를 지을 만큼 경관이 빼어났다고 전해진다. 섬은 왕족과 벼슬아치들 휴양소였다.

저자도의 운명은 그러나 참으로 기구했다. 일제는 경원선 철도(용산~의정부 간) 노반 겸 한강제방 4.5킬로미터(서빙고~한남~옥수~금호동)를 만들면서 섬 일부를 헐어낸다. 을축년(1925년) 대홍수 때는 섬 일부가 유실된다. 그럼에도 1930년대까지는 동서로 2킬로미터, 남북으로 885미터, 면적 118만 제곱미터(약 35.4만 평)에 이르는 규모 있는 섬이었다. 일제는 1936년 뚝섬 제방 축조와 유실된 경원선 노반을 보강하면서 섬 일부를 다시 헐어낸다. 그래도 낮은 구릉지 곳곳에 관목 숲이 우거져 있었고, 매년 여름이면 더위를 피해 피서객들이 섬을 가득 메우곤 했다. 사방을 드넓은 금빛 모래와 맑은 강물이 감싸고 돌았다.

그러나 1969년 2월 '압구정 공유수면매립허가'를 따낸 현대건설이 저자도 흙과 모래를 마구잡이로 퍼냄으로써 섬의 형체는 사라진다. 이 시기를 전후해 한강 하중도들이 큰 시련을 겪는다. 밤섬과 저자도는 없어지고, 잠실섬과 부리도는 육지에 편입된다. 모래벌판이던 작은 섬 여의도가 생경하게 생겨나고, 난지도는 쓰레기 매립장으로 변해버린다.

독재정권은 저자도를 헐어낸 흙으로 압구정동에 제방을 쌓아 택지를 조성했다. 1972년 당초 허가 면적보다 20퍼센트나 상회하는 면적의 택지를 만들어내는데, 한강 흐름을 방해한다는 지적에 제방을 안쪽으로 62미터나 후퇴시켜 다시 쌓는 촌극[11]이 빚어지기까지 한다. 그 땅에 약 6000여 가구가 들어서는 '압구정동 현대아파트'를 짓는다. 현대건설은 집장사도 하고 고위층에게 특혜 분양도 하면서 독재정권에 확실히 빨대를 꽂는다. 이 아파트에는 지금도 '부동산 자본이득'이라는 천한 욕망이 알몸으로 투영되어 있다. 매립이 완료되자 기존 섬 토지 소유주들이 현대건설을 상대로 소송을 제기해 10여 년(1974~1984년)간 다툼을 벌였지만 엉뚱하게도 섬이 '국가하천에 속한 토지인가?' 여부로 재판 결과는 판가름난다.

1967년 사적으로 지정되어 1971~1972년 본 모습으로 복원된 살곶이다리.

시련을 견뎌낸 살곶이다리

살곶이다리는 도성에서 광주, 이천을 거쳐 충주로 가는 주요 도로였다. 문경새재를 넘어 영남대로에서 올라오는 물산이 지나는 곳이었으며, 광나루와 송파를 지나 영동 강릉과 함경도 원산으로 향하는 길목이기도 했다. 그러나 살곶이다리는 흥선대원군이 경복궁을 중건할 때 석재로 징발당하면서 훼손되고, 1913년에는 일제가 상판에 콘크리트를 발라버리면서 상처를 입는다. 1925년 대홍수 때는 일부 부재가 유실되었고, 1938년 다리 아래쪽으로 '성동교'가 가설되면서 그 기능마저 상실해버린다. 이후에도 수많은 수난을 당한다. 그럼에도 살곶이다리는 꿋꿋하고 굳세게 버텨냈다. 1967년 사적으로 지정되어 1971~1972년 본 모습으로 복원되기에 이른다. 살곶이다리는 의연한 모습으로 오늘도 우리 앞에 서 있다. 듬직한 표정으로 우리에게 어느 방향, 어떤 길로 나아가야 하는지 말없이 가리키고 있다.

능원
신장석을
가져다
만든
청계천 광통교

소설가 구보 씨가 청계천 변을 걷는다. 일찍 들어오라
는 어머니 말에 답하지 않은 것을 후회하면서. 시간은 12시
전이다. 광통방廣通坊에 있는 집은 중문이 달린 한옥이다. 중
산층인 구보 씨는 일본 유학까지 다녀온 인텔리다. 그러나
신경쇠약에 청력은 물론 시력도 나쁘다. 식민지 시대를 살아
내는 스물여섯 살 젊은 지식인으로 직장은 물론 결혼할 마음
조차 없다. 구보 씨는 상념에 젖어 걷다가 따르릉거리며 빠
르게 달려오는 자전거 소리를 듣지 못한다. 하마터면 자전거
와 부딪칠 뻔한다. 청계천 광통교 어름에서다.

고종은 육조거리 끝에서 황토현°을 지나 경운궁(덕수
궁)으로 연결되는 도로를 만들었다. 그전까지 한성의 중심축

지금의 광화문사거리와
경운궁(덕수궁) 사이에
있던 언덕으로, 아관파천
중인 1896년 9월 내부령
제9호를 포고하고 한성
부 내 도로정비사업과 함
께 이곳에 길을 만듦.

은 육조거리~운종가~숭례문을 잇던 길이었다. 그 중심에 청계천을 건너는 광통교가 있었다. 광통교라는 이름은 다리가 광통방에 있어서 붙었다.

정조대왕이 을묘년(1795년) 화성으로 행행行幸하며 지나간 길은 한성부 중심가로였다. 당시 행렬은 이방원이 지은 창덕궁을 출발해 남으로 뻗은 길을 따라 운종가에 이르러 우회전했다. 그런 뒤 운종가 서쪽으로 가다가 종루鍾樓에 이르러 좌회전해 청계천을 건넜다. 바로 광통교를 통해서다. 행렬은 이곳에서 소광통교를 지나 한국은행 방향으로 빠져 숭례문을 나섰다.

청계천을 건너는 중심축

광통교(대광통교, 광교)는 나라에서 가장 넓은 널돌다리였다. 하천 바닥에 지대석 역할을 하는 주춧돌을 놓았는데, 횡렬 교각은 7개 돌기둥이며, 종으로는 2열을 배치했다. 교각은 물 흐름에 맞게 각지게 세우고 6개의 멍엣돌을 얹어 상판 우물마루도 6열이다. 양 하안에 석축을 쌓아 교대를 만들고 귀틀돌을 7개씩 3열로 걸어 결구했다. 상판 청판석이 무척 두꺼운데 밑에서 올려다보면 다리 아래로 볼록하게 배어나온 모습이다. 다리는 길이 12미터에 너비 15미터로 너비가 길이를 능가한다. 대로를 잇는 다리 위용을 넉넉하게 갖췄다. 도성 안에서 가장 넓다廣는 이름에 걸맞는 다리橋다.

하류 방향 교각을 보면 경진지평庚辰地平˚ 네 글자가 또

경진년은 1760년으로 영조는 연인원 21만 5380명을 개천 준설에 동원했는데, 이 글이 다 보이도록 개천을 유지·관리하라는 표식으로 새김.

조선에서 가장 넓은 널돌다리였던 광통교.

렷하다. 수표교와 마찬가지로 청계천에 토사가 쌓이면 준설해야 한다는 표식이다. 하상河床에 토사가 쌓여 통수단면通水斷面이 작아지면 홍수가 났을 때 큰 피해를 입기 때문이다.

○
물이 흐르는 체적을 표현하는 단면.

광통교는 양측 교대 하안 석축이 특이하다. 유려하고 화려한 문양이 도드라져 보인다. 바로 이성계 계비繼妃인 신덕왕후 강씨 능원에 있던 석물들이다. 원래 흙다리였던 광통교가 큰 비에 무너져내리자 이방원은 흙다리를 널돌다리로 고쳐 만든다. 1410년(태종 10년)이다.

이방원은 계비 강씨에게 원한이 많았다. 강씨는 나이 어린 동생 방번과 방석의 어머니다. 그중 방석은 조선이 건국되자마자 정도전 등의 힘을 얻어 세자(1392년 8월)가 되었다. 방원은 이 일로 원한이 뼈에 사무친다. 1차 왕자의 난이 일어난 직접적 원인이다. 방원은 광통교를 만들면서 그 앙갚음으로 정동에 있던 계비 강씨 능원의 석물을 가져다 쓴다. 그리고 능은 정릉으로 이장시킨다. 원한이 얼마나 깊었으면 죽은 사람 무덤까지 훼손시킬 생각을 했을까?

왕자의 난을 일으켜 정도전 등을 제거한 이방원

이성계는 개경 수창궁에서 왕위에 오른 지 3년 남짓(1395년 9월)에 한양에 새 궁궐을 완성한다. 경복궁이다. 이 궁궐을 정(법)궁 삼아 개경에서 한양으로 천도하지만, 왕위에 오른 이성계는 노쇠하다. 궁궐 완성 당시 만 60세였다. 새로운 국가를 경영할 비전이나 민감한 정치 문제에 그다지 많은

경진지평庚辰地平이라는 네 글자가 또렷하게 새겨진 교각.

관심과 노력을 쏟지 않는다. 이 틈을 정도전이 파고든다. 그는 '재상 중심 건국이념 지표'[12]를 설정해나가면서 그 방편으로 막내 방석을 세자로 책봉한다. 방원에게는 두 가지 모두 극복 대상이었다. 건국에 공이 큰 자신이 권력 핵심에서 배제되자 정도전에 맞설 왕정 중심체제의 필요성을 절감한다. 절치부심 몇 년의 시간을 보내는 사이 1396년 신덕왕후 강씨가 세상을 뜬다.

　　정도전은 왕자들의 힘을 무력화할 방안을 모색한다. 북벌을 명분으로 내세우지만 실상은 사병私兵을 혁파해 왕자들의 무력 기반을 해체하려는 의도였다. 방원이 주된 목표였다. 방원 등 신의왕후 한씨 소생 왕자들은 위기의식을 느낀다. 아버지는 병중이었다. 방원은 정도전이 한씨 소생 왕자들을 궁으로 불러들여 몰살시키려 한다는 명분을 내세우며 친위 쿠데타를 일으킨다. 군사를 남문에 배치해 경복궁을 포위하고, 횃불 든 기마병에게 육조거리에서 시위하게 한다. 그 틈에 남은南闇 첩 집에서 환담을 나누던 정도전, 남은, 심효생 등을 공격해 죽인다. 어린 두 동생 방번과 방석도 마찬가지다. 1398년 일어난 1차 왕자의 난이다.

　　이성계가 왕위를 내어놓자 방원은 적자승계 원칙을 내세우면서 둘째 형°방과를 왕으로 삼는다. 바로 정종이다. 1차 왕자의 난 이후 모든 게 뒤숭숭했고, 경복궁에 까마귀 떼가 나타나 더욱 흉흉했다. 정종은 왕 자리를 피하고 싶어 했다. 건강을 빌미로 은근히 개경으로 돌아갈 궁리를 한다. 신하들이

°
큰아들 이방우는 1393년
에 이미 사망했음.

나서서 피접할 곳은 개경뿐이라 말한다. 정종에게 한양과 경복궁은 두렵고 무서운 곳이었기에 정종은 결국 개경으로 돌아간다.

1400년, 2차 왕자의 난이 일어난다. 넷째 방간과 방원의 권력다툼이다. 이제 정종은 왕 자리에 앉아 있을 이유가 사라진다. 그해 11월 정종은 방원에게 왕 자리를 내어준다. 그리고 궁궐에 몇 차례 큰불이 난다. 왕 자리를 빼앗다시피 찬탈한 방원은 구시대 잔재가 명확한 개경을 떠나고자 한다. 한양에 이궁인 창덕궁을 지어 1405년 10월 다시 천도한다. 그도 자신이 피비린내를 풍기며 두 동생을 죽인 경복궁에는 별로 들어가고 싶지 않았을 것이다.

이성계가 정성을 다해 조성한 아내의 능원

비록 계비였지만 신덕왕후는 이성계의 정치적 후원자 겸 조력자였다. 계비 강씨는 나이는 어렸지만 당찬 여걸이었다. 1392년 4월 이방원이 정몽주를 격살했다는 보고를 받고 태조가 당황하자 "공은 언제나 대장군을 자처하시더니 어찌 이렇게 당황해하십니까"라는 핀잔을 줄 정도였다.[13] 그녀의 정치적 영향력은 열한 살짜리 아들 방석을 세자로 올려세운 것에서도 여실히 드러난다. 이성계는 이런 계비를 무척 아끼고 총애한 것으로 보인다.

계비 강씨가 죽자 이성계는 그녀에게 신덕왕후라는 존호를 내린다. 능을 경복궁에서 잘 보이는 취현방(지금의 정동

이방원은 정릉 호석을 광통교 받침돌로 놓아 수많은 사람이 밟고 다니게 했다.

일대) 북쪽 언덕에 만들고 정릉貞陵이라 이름한다. 태조는 이 능을 조성할 때 특별히 제주 목사 여의손呂義孫으로 하여금 일류 석공을 동원해 당대 최고 수준의 석물을 조성케 했으며, 완성 뒤에는 여러 번 행차해 강씨에 대한 그리움을 표했다.[14] 왕비의 능을 최고 기술자까지 동원해 더구나 사대문 안에 만든 것이다. 이는 나중 이방원이 능을 해체하는 빌미가 된다. 그만큼 왕비에 대한 이성계의 마음이 극진했다는 방증이다. '태조는 궁궐에서 정릉의 아침 제祭 올리는 종소리를 듣고서야 수라를 들 정도로 계비에 대한 사랑이 깊었다'[15]고도 알려져 있다. 새 나라를 개국한 열혈남아 이성계의 애절한 순정인가.

왕비 능을 허물고, 능원 석물을 가져다 만든 다리

1408년 이성계가 세상을 버린다. 방원에게는 가슴속에 남아 있는 응어리를 풀어낼 차례가 왔다. 아버지의 계비 강씨를 향한 화살이다. 이는 능원 해체로 이어진다. 하지만 이방원도 여론과 여러 정황을 고려해 차분하게 행동한다. 역사에 기록될 일을 두려워했을 수도 있다. 그러나 그 행위 자체는 매우 노골적이었다.

태종은 아버지의 국상을 마친 뒤 취현방에 버티고 있는 정릉 격하 작업에 들어갔다. '1차 왕자의 난'의 마무리였다. 처음에는 정릉 수호군 일부를 귀향 조치하고, 묘역을 줄여 100보 근처까지 주택지를 허락하는 등 슬슬 뜸을 들였다.

세도가들이 정릉 숲의 나무를 베어다 저택을 지어도 말리지 않았다. 그러다 어느 정도 분위기가 무르익었을 때(태종 9년 2월) 무덤을 파고 도성 밖 동쪽 모퉁이에 있는 양주 사을한록沙乙閑鹿(성북구 정릉동)으로 방출해버렸다. 도성 안에 능묘가 자리 잡고 있는 것은 온당치 못하며, 중국 사신이 묵는 태평관과도 가깝다는 것이 꼬투리였다. 정자각을 헐고 봉분의 흔적을 말끔히 치운 뒤, 그 자리에 새 건물을 지어 태평관 북루로 삼았다. 광통교가 홍수로 무너졌을 때는 흙다리를 돌다리로 바꾸면서 정릉 호석을 거꾸로 뒤집어 받침돌로 사용하게 했다. 수많은 사람이 밟고 다니게 한 것이다.[16]

천하대장부의 호연지기란 정녕 없는 것일까? 좀더 대범해질 수는 없었을까? 민본을 앞세운 정치보다는 개인적 원한에 사무친 그가 조금은 가련해 보이기까지 한다.

광통교의 수난

광통교는 일제에게 수난을 당한다. 1906년 전차선로를 놓고 넓히는 과정에서부터 점차 훼손되고 무너졌다. 1918년 전후로 도로 폭을 넓히면서 다리 양편을 철근콘크리트로 보강했는데, 이때 난간석이 확장된 도로 가장자리로 옮겨진다. 1923년에는 신덕왕후의 능원 신장석으로 만든 북측 교대 부위를 뚫어 하수관로를 설치한다. 남측 교대에도 하수 배출용 토관을 박는다. 일부 난간은 창덕궁과 창경궁으로 옮겨지기도 한다. 그러다가 1958년 청계고가도로를 만들면서 그 밑에 완전히 매몰되고 만다. 2005년 청계천이 복원(?)되면서 겨우 옛 모습을 되찾는다. 각 궁궐에 흩어져 있던 석물을 모아 최대한 원형에 가깝게 복원하지만, 원래 자리에서 상류로 155미터 옮겨 보행자만 다닐 수 있도록 했다.

긴 시간 동안 수많은 우여곡절을 겪은 광통교는 어쨌든 빛을 찾았다. 광통교는 청계천에서 어떤 모습으로 자리매김할까? 온전하게 제 자리를 지켜낼 수 있을까? 순전히 우리 몫이다. 이제 광통교는 식민지 청년 구보 씨가 거니는 다리가 아닌 민주공화국 시민이 떳떳하게 건너는 다리가 되었다.

사람들은 무지개를 홍예虹霓 또는 아치Arch와 연관 지어 이야기한다. 무지개는 땅에서는 반원처럼 보이지만 하늘에서는 완전한 원이다. 원은 그 자체로 흠결 없는 기하幾何의 완성형이다. 어느 곳에서 힘을 가해도 둥근 호가 힘을 분산시켜 균등하게 받아낸다. 무지개다리虹霓石橋는 원의 이런 원리를 고스란히 반영한 구조물이다.

무지개다리의 핵심은 가설물인 '지보공°'에 있다. 지보공 호가 곧 홍예 내호內弧다. 내호에 맞게 개개 '홍예석' 크기와 절단 각도를 계산해 돌 소요량과 투입 예산, 노동력, 공사 기간을 산정한다. 지보공 양 끝단에는 '선단석扇單石'을 놓는데, 바위라면 그렝이질을 해 다듬고 맨땅이면 적심으로 보강

°
땅이나 굴을 팔 때 흙이 무너져내리지 않게 임시로 설치하는 구조물.

한다. 양쪽에서 쌓아 올린 홍예 정점에는 '쐐기돌'(이맛돌 또는 홍예종석)을 끼워 넣는다. 홍예가 만들어지면 양쪽으로 '벽석 壁石(무사석武砂石)'을 쌓고, 쐐기돌 위에 '부형缶形 무사석'°을 결구시킨다. 홍예와 벽이 만들어지면 흙이나 잡석을 뒤채움해 다지고, 벽석을 가로질러 멍엣돌을 잇는다. 벽석 형상에 따라 귀틀돌을 결구시키고, 우물마루나 흙을 다져 상판을 완성한다. 다多경간 홍예끼리 만나는 하부 예각에는 삼각형 '청정무사석(잠자리무사석)'°°을 끼워 넣어 구조물의 변형을 막아낸다.

°
밑면을 원형으로 위쪽으로 솟아나게 깎은 벽석.

°°
두 홍예가 접하는 부분에 역삼각형으로 끼워놓는 벽석.

사찰에 무지개다리가 많은 까닭

무지개다리는 막대한 비용과 시간, 고도의 기술을 요한다. 많은 노동력이 투입되어야 하고 치밀한 기술력이 뒷받침되어야 가능한 작업이다. 이런 요건을 충족시키는 구심력으로 불교의 중생구제를 앞세운다. 이는 재력가의 돈과 백성의 노동력을 자연스럽게 이끌어내려는 방도다. 다리 축조는 다리 기술자이기도 한 승려들이 맡는다. 불교에서는 다리를 중생들에게 해줄 수 있는 가장 큰 혜택으로 본다. 곧 다리 놓는 일은 현세에서 쌓을 수 있는 최고의 공덕이다. 무지개다리가 사찰 입구에 많은 이유다. 무지개를 타고 속세를 벗어나 불국토佛國土에 들어서는 하나의 상징인 것이다. 불국사 청운·백운·칠보·연화교가 대표적이다.

난간이나 벽석에 문양을 새겨 장식하기도 한다. 쐐기돌이나 부형무사석에 용이나 귀면 등을 새겨 멋도 부린다.

활이나 무지개같이 한가운데가 높고 길게 굽은 형상. 또는 그렇게 만든 천장이나 지붕.

또 궁륭穹窿 한가운데 아래로 머리를 늘어뜨린 용을 만들어 다리를 수호하고 수해水害를 방지하는 상징으로 삼는다. 용의 입에 엽전을 매달아 다리를 만들어낸 중생들의 수고와 공덕을 기리기도 한다. 무지개다리는 그 자체로 수려한 경관을 만들어내는데 주변 풍광과도 잘 어울린다. 유려한 곡선에 마음을 편안하게 하는 안정감이 빼어나다. 순천 선암사 승선교가 그렇다.

민간의 힘으로 만들어낸 미내다리

논산에는 자매처럼 닮은 두 개의 3경간 무지개다리가 있다. 강경에 있는 미내다리가 언니고, 채운에 있는 원목다리가 동생이다. 둘 사이 직선거리는 2.7킬로미터에 불과하다. 같은 지역에 유사한 무지개다리가 만들어진 것으로 봐서 같은 기술진이 축조한 것으로 보인다.

'은진미교비恩津渼橋碑'[17]는 미내다리가 1731년(영조 7년) 축조되었다고 기록한다. 강경천을 미하渼河 혹은 미내渼奈라 불렀는데, 미내다리는 여기서 차운해 붙인 이름이다. 1983년 1월에 세운 다리 곁 사적비는 은진미교비 내용 일부를 적고 있다. 비는 "강경 사람 석설산과 송만운, 황산 사람 유부업과 승려 경원, 설우, 청원, 여산 사람 강명달, 강육평 등이 협력해 돈을 모아 다리를 놓았다"라고 기록한다. 강경으로 향하는 물류길이다.

이로 미루어 돈을 댄 강경 사람들은 분명 장사하는 거

그 자체로 수려한 경관을 만들어내는 3경간 무지개다리 미내다리.

상이었을 개연성이 높다. 호남과 충청의 경계 여산礪山은 전라도 물산을 강경으로 잇는 역할을 하던 곳이다. 돈을 댄 여산과 황산 사람도 상인이었을 개연성이 높다. 이들은 필요에 따라 다리 놓는 자본을 갹출했을 것이다. 여기에 기술자인 승려들이 참여하고, 이들의 힘으로 강경과 여산 물류길이 미내다리로 이어진 것이다.

옛 지도는 강경천이 뱀처럼 구불구불한 사행천蛇行川임을 보여준다. 일제강점기에 시행된 수로 정비로 강을 곧게 펴자 제방 위치가 변한다. 다리는 제내지堤內地°에 방치되어 흙에 묻혔고, 관리가 부실해지면서 여기저기 무너져내린다. 1998년 해체해 복원에 착수하는데, 사라진 부재를 새로 만들어 제외지堤外地°°로 이전하고, 2003년에 이르러 복원을 끝마친다. 이런 내용은 미내다리에 전해오는 이야기와도 엇비슷하다.

큰물이 흐르는 강경천을 건너다니는 불편을 해소하고자 여러 마을에서 돈을 모아 두 청년에게 다리 공사를 맡긴다. 다리는 튼실하게 잘 지어졌으나 걷은 돈 일부가 남는다. 되돌려주기도, 둘이 차지하기도 꺼림칙해 나중에 다리를 보수할 때 쓰려고 다리 밑에 몰래 묻어둔다. 다리는 오랜 시간 끄떡없다. 그러던 중 한 청년이 병이 들어 사경을 헤맨다. 다른 청년이 우선 살리고 보자는 마음에 다리 밑에 묻어둔 돈을 찾아보지만 행방이 묘연하다. 청년은 병든 친구가 급히 병구완에 쓴 것으로 짐작하고, 친구 병이 낫기만을 기다린다.

° 둑 안에 있어서 둑의 보호를 받는 땅.

°° 둑 바깥 강가에 면해 있는 땅.

하지만 병든 친구는 차도를 보이지 않고, 어느 비 오는 날 큰 구렁이로 변해버린다. 구렁이는 눈물을 흘리며 다리 밑으로 사라진다. 사람들은 사라진 구렁이를 욕하며 다리를 허물자 말한다. 그러자 다리는 점점 흙에 묻힌다. 돌이 필요한 마을 사람이 다릿돌을 빼내 석재로 사용하려는데, 그때 마른하늘에서 천둥이 치고 먹구름이 몰려온다. 그때부터 미내다리 돌은 구렁이돌이라 하여 누구도 손대지 않게 되었다는 이야기다.

번성하던 강경을 잇던 미내다리

미내다리는 길이 30미터, 높이 4.5미터, 너비 2.8미터의 3경간 무지개다리다. '삼남 제1교'라 불렸다는 기록에 걸맞는 규모다. 석재는 밝고 환한 화강암이다. 남에서 북으로 흘러 금강에 합류하는 강경천 동서 방향을 잇는다. 가운데 무지개를 양옆보다 높게 만들어 다리 전체 형상이 미인의 눈썹처럼 곱고 예쁘게 굽었다. 정점 쐐기돌이 귀틀돌 밖으로 튀어나와 멍엣돌 역할을 한다. 벽석에 결구된 멍엣돌도 밖으로 튀어나와 있다. 여기에 귀틀돌을 결구시켜 눈썹 모양의 유려한 곡선을 만들어냈다. 상판은 돌로 우물마루를 깔았다.

미내다리는 가운데 무지개 쐐기돌이 독특하다. 궁륭 아래로 돌이 돌출되어 있다. 모양이 훼손되어 정확한 모습을 확인하긴 어렵지만 귀면鬼面º으로 보인다. 벽석 밖으로 돌출된 쐐기돌 한쪽 끝에도 알 수 없는 동물 형상이 새겨져 있다. 눈은 장승이고 코는 뭉툭하며 얼굴 양옆으로 귀와 갈기를 세웠

º
귀신의 얼굴.

미내다리 한가운데 홍예 쐐기돌. 벽석 밖으로 돌출된 한쪽 끝에 새겨진 특이한 형상의 얼굴.

다. 혹자는 호랑이라 말하는데 내 눈에는 귀면와鬼面瓦에 새겨진 도깨비로 보인다. 도깨비를 새겨 재앙을 피하고 잡귀와 병마의 침범을 막아주길 빈 것은 아닌지. 북쪽 무지개 쐐기돌 한쪽 끝에는 용머리를 새겨 넣었다. 혹자는 '미내'와 용을 상징하는 우리 말 '미르'를 연계해 말하기도 한다.

미내다리를 건넌 물산은 강경포구에 모였다. 강을 타고는 충청 내륙으로, 바다를 통해서는 서해안 곳곳으로 실려 나갔으리라. 금강으로 들어온 해산물은 강경포구에서 보부상 손을 거쳐 전라·충청 백성들의 밥상에 올랐을 것이다.

전라·충청 수부를 잇는 원목다리

원목다리는 의자왕이 많은 꽃을 심고 즐겼다는 채운면 야화리에 있다. 전라와 충청 수부首府인 전주와 공주의 최단거리 길목으로 방축천을 건넌다. 야화리는 저잣거리가 번성했을 개연성이 높은 마을이다. 다리 이름도 '간이 역원과 길목'이 합성되어 만들어졌다. 원항院項 다리라고도 부른다. 길이 16미터, 높이 2.8미터, 너비 2.4미터의 아담한 규모다.

3경간 무지개다리로 가운데 무지개가 양쪽보다 약간 높다. 가운데 무지개 쐐기돌을 귀틀돌 밖으로 내밀어 양 끝에 잘생긴 용을 새겼고, 멍엣돌을 결구시켜 상판을 만들었으나 바닥은 흙으로 다졌다.

상판 곡면은 둔탁한 편이다. 유려한 미내다리 곡선에는 미치지 못한다. 하천 너비와 깊이 차이가 미내다리와 다

세련된 미내다리와 달리 원목다리는 수수하고 둔탁한 아름다움을 가지고 있다.

른 모양을 만들어냈을 것이다. 벽석은 흔한 막돌이 주를 이루고, 일부 다듬은 돌도 섞여 있다. 가지런한 미내다리 벽석보다 훨씬 정감 가는 수수한 모양새다. 미내다리가 세련된 양장에 멋을 부린 신여성이라면, 원목다리는 수수한 무명옷에 수줍은 미소를 짓는 때 묻지 않은 시골 처녀라 할 만하다. 둘은 서로 닮았으면서 다르다.

강경의 영광과 쇠락

논산 서측에는 북에서 남으로 흐르는 금강이 유유하다. 분지를 이룬 산들이 서쪽 금강을 향해서만 팔을 벌린다. 논산천과 강경천, 석성천 물줄기가 오목하게 모여드는 곳에 강경포구가 자리한다. 물줄기로 보아 포구 앞 수심은 깊고 힘이 세 흙이 퇴적되지 않는다. 그만큼 강기슭 항구인 '하항 河港'으로서 천혜의 요건을 갖추었다. 강폭은 400미터가 넘어 큰 배가 정박하기에 맞춤이다.

서해를 오르내리는 갖은 물산이 강경으로 모였다. 강경은 내륙 하항으로서 원산과 더불어 조선 2대 포구였으며, 대구·평양과 더불어 조선 3대 시장이었다. 100여 척의 커다란 상선이 드나들고, 하루 1만여 상인이 북적였던 이곳은 전라·충청 내륙의 물산과 서·남해에서 잡힌 물고기들이 주요 품목이었다. 중국으로 들고 나는 물건들도 지천이었으며, 구하지 못하는 물건이 없는, 육로와 수로, 해로 모두를 이용하기에 최적의 도시였다.

1899년 군산이 개항하고, 1905년 경부선이 가설되자 물을 이용하던 물류 흐름은 급격히 철도로 옮아간다. 강경에도 철도가 들어선다. 대전~강경선(1911년), 익산~군산선(1912년)에 이어 호남선(1914년)이 완공된다. 이로 인해 강경 하항 기능은 급격히 쇠퇴한다. 낙후되고 느린 선박이 빠른 철도를 따라잡을 수는 없다. 결정적으로 1931년 장항선까지 개통된다. 한국전쟁 때는 시가지 70퍼센트 이상이 파괴되었는데 복구가 미흡했다. 물산이 줄어 명맥 유지도 급급한 상황에서 1990년에는 금강 하구를 둑으로 막아버려 강경은 하항 기능마저 완전히 상실해버렸다.

전라·충청 수부인 전주와 공주를 잇는 길에 미내·원목다리가 있다. 다리는 강경으로 들고나는 모든 물산의 흐름과 사람의 발길, 역사의 무게를 오롯이 받아 안았다. 영욕의 무게를 견뎌왔다. 초라하게 늙어버린 두 다리가 신고辛苦를 다 떠안아준 셈이다. 곧고 넓은 길만이 항상 최고는 아니다. 좁고 굽은 길이 좋을 때도, 좋은 곳도 있다. 의연하게 남아 있는 미내·원목다리가 그렇다. 비록 초라하게 앉았으되 무척이나 곱고 사랑스러우며 늠름하다.

누각을
품은
이채로운
아름다움
태안사 능파각

다리 위에 누각樓閣이 얹힌 형태는 그리 흔하게 볼 수 있는 모습은 아니다. 대개 이런 다리는 무척 빼어난 풍광을 자랑한다. 어느 곳에 있어도 주변과 잘 어우러진다. 옛 다리로는 태안사 초입 능파각, 순천 송광사 청량각과 우화각, 수원 화성의 화홍문을 꼽을 수 있다. 태안사 능파각은 교각 없는 널다리에 누각을 얹었고, 청량각과 우화각, 화홍문은 무지개다리에 얹었다. 나머지는 비교적 최근에 만들어진 것들이다. 구례 천은사에는 수려한 자태를 뽐내는 수홍루가, 한옥마을이 있는 전주천에는 남천교 청연루가 있다.

보성강 따라 태안사 가는 길

'아름다운 미인의 가볍고도 우아하며 맵시 있는 걸음
걸이'는 과연 어떤 모습일까? '능파凌波'의 해석이다. 아름답
게 출렁이는 물결마저 얕잡아본다는 뜻일까? 그래서인지 태
안사 가는 길은 마냥 설렌다. 능파각을 볼 수 있어서다.

섬진강으로 흘러드는 보성강은 무척 평화롭다. 보성강
은 남에서 북으로 흐르는데, 이런 흐름은 통상 역수逆水라 해
서 경계하는 물길이다. 거꾸로 흐르는 강의 마음이 문득 궁
금해진다. 이곳에 사는 사람들도 그 마음을 닮은 걸까? 옛 권
력자들은 이런 물줄기를 역린逆鱗[18]으로 보았다던가? 내 눈에
는 세상에 둘도 없는 맑고 고운, 사랑스런 물길일 뿐이다.

보성강에서 길을 꺾어 동계리로 접어들면 곡성군 죽
곡면이다. 보성강으로 흘러드는 동계천 줄기는 제법 굵고 힘
차다. 태안사를 서측 산허리에 안고 있는 봉두산과 주변 산
들이 깊은 계곡을 파냈다. 그 골로 사시사철 맑고 깨끗한 물
을 흘려보낸다. 동계천의 굵음은 깊다는 데에서 연유한다. 깊
은 곳에서 흐르는 물은 달달한 젖이다. 그 젖을 먹고 나무며
풀이며 짐승들이 살아간다. 인간의 삶도 거기에 기대어 있다.
2차선 한적한 지방도로를 타고 동계마을을 지나면 태안사
로 드는 입구가 나타난다. 원달마을 조금 못 미친 곳이다. 입
구에서 불어오는 차가운 공기는 마음속 깊이 고여 있는 오래
묵은 때를 씻어주는 느낌이다. 산문山門에 든다는 것은 항상
이런 기분이다.

늘 뜬 눈으로 살다간 시인 조태일

태안사 오르는 길은 호젓한 운치가 있다. 키 큰 나무들이 문인석처럼 도열해 있고, 그 옆으로는 맑은 냇물이 흐른다. 얼마 가지 않아 '조태일[19] 시문학관'이 먼저 반긴다. 산사에 오르는 길에 시문학관이라니…. 아니다. 능파각도 물론이지만, 사실은 시인의 시가 그리워 찾아 나선 길이기도 하다. 태안사 가는 길에 시인을 찾지 않는다면 오히려 그게 더 이상한 일이다.

시인은 태안사에서 태어났다. 이곳에서 여덟 살 때 여순사건을 겪는다. 후퇴하는 반란군과 간도특설대로 구성된 토벌대 간 벌어진 전투에 피해를 입었으리라. 지리산으로 들어가는 길목이 바로 태안사다. 반란군 뒤를 쫓아온 간도특설대는 곡성과 구례에서도 갖은 악행을 저질렀을 개연성이 높다. 어린 시인은 그 악행을 눈으로 직접 보았을 것이다. 역사의 비극은 한 개인과 그 가정을 한 발짝도 비껴가지 않는다. 시인의 가족은 이 일을 겪고 광주로 이주하고 만다.

시인의 아버지는 이곳 태안사 대처승이었다. 혈육의 정이 오죽이나 간절했을까? 하지만 평생 대처승 아버지를 입 밖에 내어 아버지라 부르지 않는다. 다만, 어머니에 대한 사랑은 유별났다. 돌아가신 어머니 용돈을 5년간이나 통장에 입금할 만큼 애절함이 깊었다. 시인의 깊은 외로움이 태안사 속 깊은 계곡에 잇닿아 보인다.

시인은 끼니가 술이었다. 소주에 밥 말아 먹는다고 말

할 정도였다. 결국 술로 건강이 망가진다. 하지만 술에 취하지 않은 '날카롭게 뜬 눈'으로 세상을 살다 간다. 세상 모든 것이 번뇌였으리라. 하지만 시인은 단 한 번도 현실을 비껴가지 않는다. 오히려 날카로운 '식칼'°을 꺼내든다. 식칼로 세상을 베고, 단 한 방울의 눈물로 칼을 씻어 그 시퍼런 칼날을 벼리며, 죽어도 감을 수 없는 '늘 뜬 눈'으로 아직도 버젓이 살아 있다.

시인은 썩은 세상과 거짓과 위선 그리고 거기에서 파생되는 인간정신의 위기로부터 단 한 번도 도망치지 않았다 말한다. 현실에서 만족을 구하고 방종하게 살지도 않았다 말한다. 오직 그에게는 술만이 벗이었다. 시인은 또한 자기 시가 태안사에서 발원했다 말한다. 이곳에서 출발해 온 '국토'°°를 내달려 민족과 역사 앞에 올바르게 서고자 하는 몸부림이다. 늘 뜬 눈의 식칼이건 발바닥이 다 닳아 새살이 돋도록 밟아야 하는 우리 국토건 간에 이것은 모두를 위한 '삶의 공통된 수단'이 되어야 한다. 서로를 위해 같이 부여안고 품어내는 무기가 되어야 한다.

시인은 1969년에 월간지 〈시인〉을 창간한다. 이 잡지를 통해 김지하, 양성우, 김준태 등 쟁쟁한 시인을 발굴한다. 1974년에는 압제의 현실에 저항하고자 '자유실천문인협의회' 창단에 많은 문인과 함께한다. 여러 번의 필화와 투옥을 경험한 그는 1988년 협의회가 해체되고 '민족문학작가회의'가 창립되자 초대 상임이사를 맡기도 한다.

°
1970년대 초 45편의 시를 묶어 펴낸 시집 《식칼론》에는 삶의 순결성을 유린하는 제도적 폭력에 맞선 시인의 의식이 잘 드러나 있음.

°°
1975년 창작과비평사에서 펴낸 48편의 연작시를 묶은 시인의 대표 시집 제목이기도 함.

태안사로 접어드는 산길에 서면 시인의 몸부림이 느껴진다. 휘휘 불어오는 바람소리, 졸졸졸 흐르는 물소리에는 시인의 외침이 숨어 있다. 늘 뜬 눈의 식칼이 이 산하 곳곳에서 번뜩이고 있다.

단아한 여인의 수수한 걸음걸이

태안사를 향해 길을 오를수록 맑은 하늘과 시원한 바람, 졸졸 흐르는 물소리만 들려온다. 결혼하기 전, 몇 번 만나지 않은 지금의 아내와 이곳을 찾았다. 초가을 조금 무더운 날로 기억한다. 서로 속마음이 어땠는지 모르지만 호젓한 산길을 걸으며 조용히 많은 이야기를 나누었다. 이 길을 걸으며 운명처럼 이 여자와 결혼할 것 같다는 생각이 들었다. 태안사 조금 못 미친 능파각 앞에서다. 시문학관을 지키고 있는 부부도 이곳 능파각에서 연을 이었노라 말한다.

그곳은 작은 폭포처럼 물이 떨어지는 자리다. 바위가 노출된 계곡 양편에 튼튼한 석축을 쌓아 다리를 지탱할 교대로 삼았다. 석축에는 계곡을 가로질러 보 역할을 하는 굵은 통나무 귀틀목 세 개를 걸었다. 귀틀목 위에 주초(주춧돌) 역할을 하는 하인방下引防°을 튼실하게 결구시키고, 여기에 기둥을 세워 정면 한 칸, 측면 세 칸의 누각을 세웠다. 신라 문성왕 12년(850년)에 만들어 고려 태조 24년(941년)과 조선 영조 43년(1767년)에 고쳤다 전한다.

능파각은 주심포계 공포°°로 수수한 멋만 부렸다. 정면

°
한옥에서 기둥과 기둥 사이를 가로지르는 가로재. 상인방, 중인방, 하인방으로 구분함.

°°
처마 끝의 무게를 받치기 위해 기둥머리에 짜맞추어 댄 나무쪽.

다리 위에 누각을 얹은 형태는 흔하지 않다. 그중 하나가 태안사 능파각이다.

맞배집 두 쪽 박공 밑에
나무 널빤지를 길이로 달
아 비바람을 막아내는 역
할을 하는 나무판.

°°
처마 서까래의 끝에 덧얹
는 네모지고 짧은 서까
래. 처마 끝을 위로 들어
올려 모양이 나게 함.

°°°
들보 위에 세워서 마룻보
를 받치는 짧은 기둥.

에 붉은색 풍판風板°을 단 5량 맞배지붕이다. 상판은 2열 우물
마루다. 다리 위로 비가 들이치지 않도록 처마를 길게 늘여
빼고, 부연°°으로 겹처마를 덧대어 넓은 지붕 폭을 확보했다.
귀틀목과 하인방, 상판 우물마루가 비바람에 부식되는 것을
막기 위한 조치다.

또 대들보 위에 널판으로 만든 대공°°°을 세우고 중도
리까지 이어 장방형 우물천장을 만들었다. 능파각 측면의 가
운데 칸 우물천장에는 아래를 바라다보는, 몸통을 비죽이 내
밀고 있는 용머리를 돌출시켰다. 그 용머리는 유려하게 휘어
지는 하얀색 긴 수염을 달고 능파각을 지나는 중생을 굽어본
다. 무지개다리 궁륭에 돌출된 용과 같이 수해水害를 방비하
고 산사에 드는 중생을 계도하려는 의미다. 능파각 누각다리
는 전체적으로 붉은색이다. 대조적으로 안쪽 천장의 푸른 단
청이 맑고 청연해 무척 이채롭다.

계곡을 건너는 능파각은 수수하면서도 맑은 치장을 한
단아한 여인을 닮았다. 계곡 사이를 차분하고 맵시 있게 지
나면 주변 나무들도 호응한다. 바람과 새, 물과 나무, 바위까
지도 이 여인을 바라보는 듯하다. 시선들이 따뜻하다. 월천越
川하는 아름다운 공덕功德이다. 세속의 번뇌를 버리고 아름다
운 여인으로 현시한 관음보살을 따라 불국토에 들어서는 걸
음이다. 그리고 그 길은 산문(금강문)에 들어 계곡을 건너며
용의 꾸짖음을 받아 번잡한 속세를 잊는 해탈解脫의 길이다.
이 모든 게 단 한 번의 건넘으로 이뤄진단 말인가? 능파각 아

다리는 붉은색이지만 천장에 푸른 단청을 둘러 이채로운 분위기를 자아낸다.

름다운 걸음이 시인이 걸었을 '발바닥이 다 닳아 새살이 돋는 그 길'로 자꾸만 이끌고 간다. 그 길에서 걷는 걸음이 아름다운 여인의 우아한 발걸음을 닮았기를 빌어본다.

역사의
파도를
과감하게
넘어선
한강 배다리

정조는 뒤주 속에서 억울하게 죽은 아버지를 신원伸冤
한다. 정통성을 회복하고 싶었을 것이다. 세손인 왕은 정통
성에 끊임없는 도전을 받아왔다. 폐서인이 되어 죽은 아버지
때문이다. 정조는 1789년 척박한 땅 양주 배봉산(서울시립대
뒷산)에 묻혀 있던 아버지를 화성 화산花山으로 이장해 모신
다. 이때 뚝섬에 배다리舟橋를 놓는다. 정조는 아버지를 장헌
세자로 추존하고, 능을 영우원永祐園에서 현륭원顯隆園으로 고
쳐 부른다. 그리고 매해 1월이나 2월, 현륭원을 참배하는 행
행[20]을 한다.

왕은 다양한 목적으로 매년 수차례씩 행행하는데, 행
행은 민심을 살피고 민원을 접수·처리하는 길이기도 하다.[21]

왕의 행행이 잦아지면 길이 넓어지고 다리가 생겨난다. 행행 자체가 군사훈련이기도 하다. 현지에서 별시를 치러 인재를 뽑는 일도 있었다.

화성에 신도시를 만들다

왕 정조는 화성華城에 신도시를 구상(1789년)하고 실행 (1794~1796년)에 옮긴다. 효를 내세우자 백성들은 수긍한다. 그리고 아버지 능을 옮긴 곳에 살던 백성을 화성으로 이주시 키는데, 그곳은 이른바 복합 도시였다. 정조는 교통·상업·군 사·행정·산업(농업) 중심지라는 테제를 앞세우고 그곳에 신 기술을 구현시킨다. 이로써 백성들의 삶을 어루만진다.

정조가 화성을 삼남 교역의 요충지로 만들면서 교통 결절점結節點이 형성된다. 정조 사후 화성에서는 상업이 무척 번성하는데, 화성이 보부상의 거점으로서 한양과 삼남의 중 계지 역할을 수행했기 때문이다. 군사적으로도 상당히 획기 적이었다. 화성은 기존 성곽의 단점인 단순 1차 방어기능을 보완하고 넘어선 곳이었다. 생활과 방어, 산성과 둔취 기능 을 동시에 충족시키면서 최첨단 무기를 사용할 수 있는 최신 식 성곽을 만들어낸 것이다. 이미 친위부대 장용영 외영外營 을 1793년 화성에 설치하고 5000병마를 주둔시킨 바 있다.[22] 1795~1798년에는 주변 5개 읍(용인, 안산, 진위, 시흥, 과천)의 군사 1만 3000명을 외영에 합속合屬시키고 협수체제協守體制인 지역방어체제를 구축한다.[23]

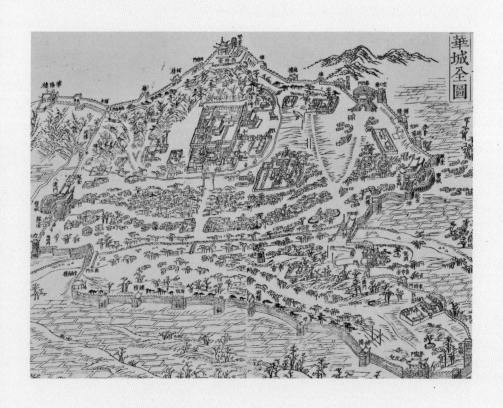

《화성성역의궤華城城役儀軌》에 실린 〈화성전도〉

또 행궁을 두어 행정 중심지 기능을 부여하는가 하면 부근 몇몇 현을 화성 속현으로 삼기도 한다. 1793년에는 수원을 유수부留守府로 승격시키고, 이름도 화성으로 바꿔 부른다. 농업의 연구·발달을 위해 화성 주위 세 곳에 큰 저수지를 만들고 둔전屯田°을 일군다. 북쪽의 만석거와 만안제, 서쪽의 축만제(지금의 서호), 남쪽의 만년제다. 자급자족 신도시 화성을 꿈꾼 것이다. 신기술 시현도 눈부시다. 성벽 축성에 거중기 등을 실험하고, 실학사상을 현실에서 구현해 보인다. 정약용의 생각과 채제공蔡濟恭°°의 감독으로 단기간에 화성을 축조해낸 일이 이를 잘 보여준다. 이렇듯 정조는 화성 축조와 행행을 통해 왕이 꿈꾸던 새로운 세상을 장대하게 펼쳐 보이고자 했다.

°
각 궁과 관아에 속한 토지, 관노비나 일반 농민이 경작했으며 소출 일부를 거두어 경비로 충당함.

°°
1720~1799년. 남인 영수, 사도세자의 스승으로 정조의 최측근이었음.

조선 르네상스의 결정판 화성 행행

치세 19년 차, 조선판 르네상스가 활짝 꽃을 피운다. 이 시기 문화·예술·학문·과학기술이 절정으로 치닫는다. 왕은 화성으로 행행한다. 어머니와 동갑인 아버지를 기리는 길이다. 어머니 회갑은 그저 명분일 뿐이다. 그해 6월 18일, 창덕궁 연희당에서 회갑연을 따로 치른 일이 이를 증명한다. 행행은 새로운 세상을 만들겠다는 의지 표현이자 왕 치세로 세력을 끌어들이려는 정치 드라마였으며, 수구세력을 향한 시위였다. 한양에 오랜 때처럼 묵은 구질서를 깨뜨리려는 혼신의 노력이자 도전이었던 것이다.

행행에 동원된 인원은 무려 6000명이었다. 모두 한날 한시에 일제히 움직인 것은 아니지만 엄청난 규모다.《원행 을묘정리의궤園幸乙卯整理儀軌》는 행렬 길이가 무려 1킬로미터에 이르렀다고 기록한다. 실록(정조 19년 윤2월 9일)에는 "상이 혜경궁惠慶宮을 모시고 현륭원에 행행하였는데, 두 군주°가 따라갔다"고 기록한다. 사도세자의 직계 혈연이 다 참석한 능행이었다. 두 여동생은 아버지 능에 첫걸음이었다.

사도세자 딸들로 정조의 여동생 청연·청선군주.

이 많은 인원이 이틀씩 총 나흘간 편도 63킬로미터를 왕복하고, 화성에서 나흘을 머물렀다. 참여한 면면도 엄청나다. 왕이 움직이면 시위 군관과 의장, 일부 관료를 포함해 수백 명이 수행하는 게 보통이다. 여기에 왕의 어머니가 있으니 나인과 회갑연 행사 인원, 잔치 내·외빈 등등이 함께했으리라. 또 대신들과 높고 낮은 벼슬아치들도 총동원된다. 정조 직할 군대 장용영의 위용도 대단했다. 말이 총 780필이었다.

말과 마차, 수레와 가마 등 최첨단 교통수단이 총동원되었기에 행렬이 지나는 길은 비교적 평탄해야 했다. 수시로 화성에 다녀간 왕 덕분에 대로가 생겨나는데, 행행 길 폭이 24척이었다 하니 미터로 환산하면 대략 10여 미터[24]에 이른다. 창덕궁에서 출발해 운종가와 종각, 광통교, 숭례문, 도저동(서울역 인근), 용산을 지난 행렬이 만초천蔓草川을 건너 한강에 이르면 웅장한 배다리가 그들을 맞이했다.

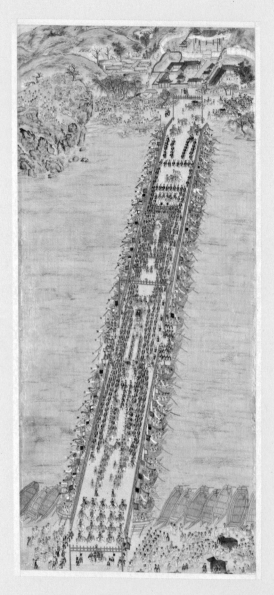

〈화성능행도華城陵幸圖〉8폭 병풍 중 〈한강주교환어도韓江舟橋還御圖〉.

〈화성능행도華城陵幸圖〉 8폭 병풍 중 〈환어행렬도還御行列圖〉.

치밀한 계획과 설계로 구현한 배다리

행렬은 한강을 배다리로 건넜다. 정조는 주교사舟橋司[25]를 설치해 안전하게 한강을 건널 방안을 미리 도모하는데, 1790년에 이미 배다리 기본 설계에 해당하는 〈주교지남舟橋指南〉이라는 글을 통해 설계 원칙을 제시했다. 큰 배를 강 한가운데에 놓고 이를 축으로 남북으로 작은 배들을 배치하는 방법이다. 배다리 종단 선형을 자연스럽고 완만한 무지개 형상이 되도록 구상한 것이다. 1789년 아버지 능 이장 때 시험한 배다리의 단점을 완벽하게 극복해낸 내용이다. 이를 토대로 1793년 주교사가 편찬한 36개조 《주교사절목舟橋司節目》이 간행된다. 실시 설계에 해당하는 것으로 노량주교에 실제 적용할 구체적 내용이 담겨 있다.

주교사 주도로 배다리는 을묘년(1795년) 2월에 이미 만들어진다. 능행의 최고 정점은 역시나 한강을 건너는 일로 다리 설치는 2월 13일에 시작해 24일에 끝이 난다. 당초 20여 일을 예상했으나 불과 11일 만에 마무리되었다. 치밀한 사전 계획과 획기적인 설계가 반영되었다는 방증이다. 예산도 대폭 절감한다. 이 배다리를 '노량주교鷺梁舟橋'라 부른다. 민·관선을 동원했는데, 의궤에 따르면 홍살문 3개와 교배선橋排船 36척, 난간선欄干船 240척, 위호선 12척을 합쳐 총 288척[26]이었다. 동원된 민간인에게는 전라·충청의 대동미 운반권을 주었다.

다시, 오래된 다리를 거닐다

구상대로 실현된 배다리를 건너 화성으로

강가에 부두처럼 만들어 배가 닿을 수 있게 한 곳.

∘∘
일종의 현수재懸垂材로 양쪽 언덕에 줄이나 쇠사슬을 건너지르고, 거기에 의지해 매달아놓은 임시 시설.

∘∘∘
배다리와 선창 사이 조수간만 조절용 선박. 군산 뜬다리부두의 교대장치 역할과 같음.

∘∘∘∘
배의 좌우 외판을 연결하는 긴 나무. 배의 양쪽 외판에서 오는 힘을 견뎌내는 가로 뼈대 역할을 함으로써 배가 좌우로 벌어지거나 비틀어지는 것을 막아내며, 일부가 선체 밖으로 노출됨.

강 양안에는 선창船艙°을 두었는데, 잡석을 모아 배 높이만큼 쌓고 회반죽을 발라 만든 항구적 시설물이다. 선창에는 큰 쇠못을 박아 조교弔橋°°를 연결할 수 있게 했다. 그리고 선창에서 항선項船°°°이 자리할 간격을 벌려 강 위에 배다리를 만들었다. 교배선을 일정 간격으로 늘여 세워 닻을 내린 뒤 교배선 사이사이에 난간선을 끼워 넣었고, 교배선끼리는 가룡목駕龍木°°°°이 개 이빨처럼 서로 엇물리게 했다. 그래야 배끼리 비껴나지 않아서다. 그 뒤 배에 갑판을 깔고 횡량을 결구시켰다. 각 배의 가룡목 부위에 종량 보를 걸어 버팀목으로 연결했는데, 이 보가 배다리 거더Girder다. 그러고 나서 그 위에 횡판을 까는데, 판자끼리 맞닿는 곳에 드러나지 않게 못을 박아 단단히 고정했다. 횡판 아래쪽은 견마대철을 박고, 판자 양 끝에 뚫은 구멍에 삼 줄을 꿰어 좌우 세로막대에 묶었다. 배다리 위에 설치된 횡판은 편평하고 안정감이 있어야 한다. 그 횡판 위에 난간을 만들고 조교를 설치했는데, 난간에는 단청을 하고 그 밖으로 오색 깃발을 세웠다.

선창과 배다리 사이에 띄운 항선에는 한쪽 가룡목에 여러 가닥의 조교를 걸어 선창 쇠못에 연결하고, 다른 쪽은 배다리 조교에 연결했다. 그 위에 배다리로 통하는, 한쪽 끝이 선창에 고정된 연결다리를 설치했다. 연결다리와 항선은 조수간만 차이에 따라 상하로 움직이는 교대장치 역할을 한다. 선창과 항선 사이 조교는 조수간만 차이에 유연하게 적

역사의 파도를 과감하게 넘어선 한강 배다리　　**129**

응하도록 가급적 낭창하게 늘어뜨렸다.[27]

배다리 입·출구와 한가운데에는 각각 홍살문을 세웠는데, 이는 왕의 행차에 대한 권위와 경건함의 상징이다. 그 중 가운데 홍살문은 높게 세워 배다리의 안전성과 시각적 균형점을 확보했다.

능행도 중 〈한강주교환어도漢江舟橋還御圖〉를 보면 하중도가 보이지 않는다. 이로 미루어 주교가 놓인 곳은 용양봉저정과 노들섬 사이이며, 길이는 340여 미터[28]로 추정된다. 정조의 배다리는 시도 자체도 놀라운 일이며, 조운과 물류·과학기술 측면에서도 획기적 사건이었다. 더구나 세세한 기록이 남아 있어 더 소중하다. 당시 한강은 역동적이었다. 상류에 댐이 없어 지금보다 유속이 빨랐고, 노량진까지 밀물과 썰물이 번갈아 영향을 미쳤다는 기록이 있는 것으로 미루어 바닷물 영향도 있었던 듯하다.

능행으로 생겨난 만안교와 만안제

행렬은 용이 뛰놀고 봉황이 높이 난다는 용양봉저정(노량행궁)에 들어 점심을 든다. 그리고 오후에 길을 나서 장생현(장승배기)을 지나 시흥행궁에서 유숙한다. 둘째 날에는 대박산 벌판(석수역)을 지나 안양천에 이른다. 거기서 만안교°를 만나는데, 을묘 행행 때는 나무다리였지만 행행 직후 나무다리를 철거하고 영구적인 5경간 무지개다리°°로 새로 짓는다. 1795년 7월(음력) 경기감사 서유방徐有防이 3개월 만

° 안양교 4거리에서 1980년 도로확장으로 삼막천 상류로 460미터 이전되어 현존.

°° 만안교비 기록. 알려지지 않은 시기에 7경간 무지개다리로 변모함.

에 완성한다. 이듬해에는 만안제萬安堤를 쌓는다. 만안제는 농업용수 공급은 물론 홍수 대비용 둑이기도 한데 무려 10리 길이었다. 오늘날 국도 1호선과 시흥대로의 모체다.

행렬은 다시 안양과 군포를 지나 의왕 사근참 행궁에 이르러 점심을 먹는다. 오후에는 지지대고개(미륵현)를 넘어 노송지대, 만석거를 지나 장안문(1794년 완성)에 다다라 화성 행궁에 이른다. 이틀간 63킬로미터 행행의 끝이다. 화성 축조 1년 2개월 만으로 아직 곳곳에서 성벽을 쌓고 있었다.

을묘 행행은 새로운 세상에 대한 열망과 민본정신을 널리 알렸을 뿐 아니라 많은 유물도 남겨주었다. 화성이 첫째다. 화성은 팔달문과 장안문을 비롯해 곳곳에 여러 문과 옹성, 성곽, 치, 돈대, 정자와 수문을 두었는데, 모두 그 자체로 하나의 보물이다. 또 넓은 길과 제방, 한강을 건널 수 있게 한 획기적인 배다리도 안겨주었다. 가히 혁명적 발상이다. 역대 어느 왕이 이런 일을 했단 말인가? 게다가 이 모든 것을 기록(《원행을묘정리의궤園幸乙卯整理儀軌》)으로 남겨 후세에 전하고 있다.

2부
———

근현대 다리 속
숨은 역사를
찾아서

수탈의
아픔을
간직한
군산 뜬다리부두

이렇게 에두르고 휘돌아 멀리 흘러온 물이 마침내 황해黃海
바다에다가 깨어진 꿈이고 무엇이고 탁류째 얼러 좌르르 쏟
아져 버리면서 강은 다하고, 강이 다하는 남쪽 언덕으로 대
처大處=市街地 하나가 올라앉았다. 이것이 군산群山이라는 항
구요, 이야기는 예서부터 실마리가 풀린다.[29]

채만식의 소설 《탁류》에서 군산을 묘사한 부분이다.
탁한 금강 물이 황해로 풀려나는 곳, 강폭이 양양한 남측 기
슭에 군산이 있다.

몇백 리인지 모르게 굽이굽이 흘러내린 금강이 제 몸을 바

다에 풀어 맡기는 지점에서 오른쪽 포구에 장항이 자리 잡았고 왼쪽 포구로 군산이 앉아 있었다. 그런데 군산이 바다를 넓게 안고 있어서 예로부터 항구로 긴요하게 쓰였고, 수군 초소도 자리 잡아 오게 되었다. 일본이 군산을 개항시킨 까닭도 거기 있는데다가, 군산은 또 광대한 곡창을 뒤로 거느리듯 하고 있었던 것이다.[30]

조정래는 《아리랑》에서 군산의 입지와 간략한 역사, 개항 주도자가 일본이라는 사실과 그 이유를 밝히고 있다.

쌀 때문에 태어난 군산항

항만 입지는 몇 가지 조건이 들어맞아야 한다. 첫째가 수심이 깊어야 한다. 그래야 큰 배를 댈 수 있다. 또 조수간만 차가 크지 않고 해저에 퇴적물이 쌓이지 않아야 한다. 호안을 쌓을 수 있는 단단한 지반에 파도에 침식되지 않는 곳이 유리하다. 수입과 수출이 가능한, 주요 품목이 생산·소비·유통되는 넓은 배후 도시도 가지고 있어야 한다.

이런 측면에서 군산은 항만이 들어서기에 그다지 적당한 곳이 아니다. 그런데 일제는 왜 군산을 개항지로 택했을까? 다름 아닌 쌀 때문이다. 값싸고 질 좋은 조선 쌀은 일제에게는 보물 같은 존재였다. 군산 배후에는 호남평야라는 쌀생산 보고寶庫가 있었다.

19세기 말, 일본은 군국주의로 접어들기 위해 군수산

업 고도화를 도모한다. 무기 생산을 위한 중공업과 에너지산업 육성이 핵심이었다. 그런데 부가가치를 창출해낼 수 없는 왜곡된 산업구조를 지탱하기 위해서는 저물가와 저임금을 유지해야만 했다. 물가 상승을 억제하려면 입는 것, 먹는 것을 낮은 가격으로 공급할 수 있어야 한다. 일제가 저가 면직물의 대량생산체제를 구축하고, 조선과 만주 등지에서 값싼 곡물을 대량으로 수탈해간 이유다. 이를 통해 물가 상승을 누르고 낮은 임금을 유지하는 바탕을 마련한 것이다. 이는 초과 잉여가 발생하지 않는 기형적 군수산업을 떠받치는 필수 요소다.

일제는 호남평야에 주목하고 쌀을 실어낼 최적의 장소로 항만 입지여건이 열악한 군산을 눈여겨본다. 궁여지책이었다. 쌀을 수탈해야만 하는 일제로서는 군산 개항이 매우 절실했다. 1899년 군산은 조선에서 여섯 번째 개항지가 되었다. 1차와 2차 축항공사 때는 바다 쪽으로 뻗은 고정된 잔교栈橋°4기를 만든다. 하지만 곧 대량 수송에 한계를 보인다. 특히 썰물 때는 어떤 선적작업도 용이치 않았다. 그래서 고안해낸 것이 '뜬다리부두'다. 뜬다리부두는 하루 종일 선적이 가능한 장치로, 1933년 3차 축항공사 때 탄생한다. 해안 넓은 면적을 매립해 수만 평의 야적장과 쌀 25만 가마니를 보관할 수 있는 대규모 창고도 같이 만든다. 이와 함께 철로도 확장해 화물용 철차 150량이 동시에 출발할 수 있는 수송 능력을 갖춘다.

° 부두에서 선박에 걸쳐놓아 화물을 싣고 부리거나 여객이 오르내리게 만든 다리.

1930년대 군산 내항 모습. 뜬다리부두가 보인다.

뜬다리부두의 존재

뜬다리부두로 군산은 비로소 대형 항만으로서 기능하게 된다. 규모 있는 항만을 갖춘 근대 군산은 여기서 연유한다. 뜬다리부두가 군산을 존재하게 한 1등 공신인 셈이다. 대규모 항만시설이 들어서기에 지형적으로 부적합한 군산에 뜬다리부두는 혁명적 시설이었다. 군산항에 3000~4000톤급 배, 곧 길이 85~90미터에 이르는 배가 접안해 효율적으로 작업하려면 뜬다리부두 두 개를 한 쌍으로 연결해 운영해야 했다. 옛 군산세관에 전시된 〈군산항 수축공사 준공평면도〉에는 뜬다리부두의 세세한 규격이 기록되어 있다.

호안에서 뻗어 나간 뜬다리부두의 총 길이는 55.3미터다. 연결다리 끝에 매단 폰툰pontoon°은 12.9미터 정사각형이다. 이 정사각형 폰툰에 5미터 길이 세 가닥 뜬다리를 연결한다. 뜬다리 끝에 20.4미터×12.5미터 폰툰을 매달고, 한 쌍을 구성하는 또다른 뜬다리부두와의 사이에 20.4미터×12.5미터 폰툰 하나를 더 설치한다. 한 쌍의 뜬다리부두는 20.4미터×12.5미터 폰툰 세 개가 연속해 떠 있는 형상이 된다. 가로 길이는 70미터다. 이렇게 3000~4000톤급 배가 접안해 작업할 수 있는 뜬다리부두는 전체적으로 55.3미터×70미터(맨 동측 쌍은 54.1미터×75.1미터) 직사각형이다. 앞에서 말한 준공평면도에는 총 세 쌍의 뜬다리부두가 그려져 있다.

군산항은 1905년 1차 축항공사를 시작으로 1938년까지 네 차례의 항만공사가 진행되면서 총 네 쌍의 뜬다리부두

° 부유식 해양건축물의 기초에 해당하는 부분으로, 강제나 콘크리트로 된 상자 형태.

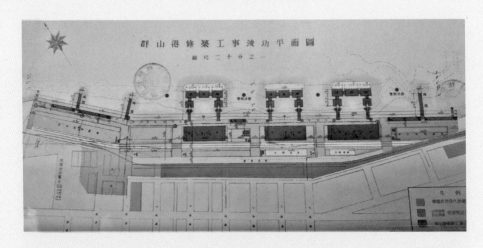

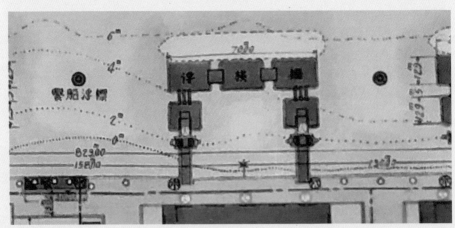

〈군산항 수축공사 준공평면도〉에는 뜬다리부두의 세세한 규격이 기록되어 있다.

가 들어섰다. 지금은 각 쌍이 해체되고, 단일 기능을 하는 세 개의 뜬다리부두만 모양이 변한 채 남아 있다. 연결다리 폰 툰에 매단 5미터 길이 세 가닥 뜬다리는 없어졌다. 그 자리를 다른 폰툰이 대신하며 한 쌍을 구성하던 개개 구조물도 모두 사라졌다. 남아 있는 뜬다리부두 크기와 모양도 처음과는 많 이 다르다. 바깥 폰툰 일부가 퇴적된 펄에 묻혀 이제는 그 기 능마저 거의 잃고 말았다.

째보선창과 쌀이 없는 동네

뜬다리부두가 있었던 곳 인근이 째보선창(죽성포구)이 다. 이곳이 군산 원류다. 1908년 개통된 전군가도全郡街道가 와 닿은 곳이다. 1912년 개통된 익산~군산 간 철도가 째보선 창을 지나 군산항으로 이어진다. 째보선창 북서쪽 바닷가가 뜬다리부두가 들어선 곳인데, 바로 해망동이다. 소설《아리 랑》에서는 째보선창을 이렇게 묘사한다.

> 째보선창은 묘하게도 땅이 양쪽으로 찢어지듯 갈라지듯 하 면서 바다와 맞닿아 있어서 배들을 대기가 아주 좋았다. 그 래서 옛날부터 선창이 되었고, 날마다 작은 배들이 바글거렸 다. 배들이 많이 모여드니까 자연히 객주집들이 많아지게 되 고, 일거리를 찾아 막일꾼들이 언제나 북적거렸다.[31]

째보선창이 있던 포구는 복개되어 지금은 흔적도 없

다. 군산은 이곳 째보선창에서 시작했다. 군산을 항구로 이름 지어준 곳도 이곳이다. 한국전쟁 때는 많은 사람이 이곳에서 목선을 빌려 피난길에 오르기도 했다. 곳곳에 무너지고 깨어진 삶들이 째보선창 펄에 묻혔다. 째보선창은 군산 사람들에게 그런 곳이다.

째보선창과 더불어 '쌀을 보관하는 동네' 장미동藏米洞은 수탈의 상징이다. 지금의 해망동으로, 쌀이 일본으로 실려 나간 곳이다. 1909년에는 조선에서 생산된 쌀 30퍼센트가 군산항을 통해 빠져나갔고, 1934년에는 50퍼센트에 달하는 200만 석이 실려 나갔다. 말 그대로 헐벗고 굶주린 조선 백성들의 피와 땀이 헐값에 앗겨버린 자리다. 우리 백성의 몸부림과 아우성이 곡성哭聲으로 들려오는 곳이다.

시인 고은은 1930년대 조선인들에게 뜬다리부두가 어떤 존재였는지 절규하듯 말한다.

군산과 그 인근 고장을 '쌀이 없는 고장'으로 만들어버린다. '쌀의 마을'과 '쌀이 없는 마을'을 동시에 체험하게 했다.[32]

뜬다리부두는 악랄한 수탈의 상징이었다. 1930년대 군산에서 쌀이 있는 마을은 해망(장미)동, 신흥동, 월명동 등 주로 일본인 거주지였다. 쌀이 없는 마을은 너른 김제평야를 비롯해 개복동 등 높은 산골짜기 조선인들이 사는 허름한 동네였다.

다시, 오래된 다리를 거닐다

근대유산이 남게 된 역설

군산은 근대유산이 많은 도시다. 이는 항구 운명과 궤를 같이한다. 군산항은 1960년대 중반 기능이 급격히 쇠퇴한다. 뜬다리부두도 한계를 보인다. 다른 곳이 대규모 허브 항만으로 번성하는 속도를 따라잡지 못한다. 항로에 쌓인 퇴적토 때문이다. 여기에 1990년 금강 하구를 막아버리자 항로 퇴적은 그 속도를 더한다.

대형 선박의 접안이 불가능해지면서 덩달아 도시가 정체한다. 토지 이용 효율이나 고도화, 도시 기능의 변화 속도가 지체되면서 거대 자본은 군산으로 새로운 눈길을 보내지 않는다. 물길이 막히니 돈길도 막힌다. 역설적이게도 느린 변화와 더딘 발전은 근대 문물이 훼손되지 않은 이유가 되어준다. 서글픈 군산의 과거이자 현재다.

일제가 군산에 설립한 조선은행은 근대건축관으로 사용 중이다. 조선은행은 나가사키18은행과 더불어 수탈 전진기지라는 식민지 폐단을 군산에 이식한 대표 건축물이다. 유럽에서 수입한 벽돌로 1908년 준공된 군산세관은 서울역사 驛舍, 한국은행과 더불어 우리나라에 남은 서양 고전주의 3대 건축물 중 하나로 알려져 있다. 빈번하고 번잡했을 물류 흐름이 옛 세관에서 고스란히 읽힌다.

해망굴은 해망동과 군산 도심을 연결하고자 일제가 만든 터널이다. 지금은 차량 통행을 금지하고 보행자 전용으로 사용 중이다. 신흥동에 있는 히로쓰가옥은 드라마나 영화 촬

지금은 단일 기능을 하는 세 개의 뜬다리부두만 모양이 변한 채 남아 있다.

영지로 유명하다. 군산 주변에는 조선 농민을 수탈하던 흔적을 안고 있는 몇몇 일본인 소유였던 대농장 유적도 있다. 동국사는 일본식 사찰로 건물 평면이나 지붕 모양이 습도가 높은 일본 기후와 풍토에 알맞게 지어졌다. 이외에도 170여 채에 이르는 근대유산 건축물이 군산에 남아 있다.

군산은 뜬다리부두에서 말미암았다. 뜬다리부두로 도시가 번성하고, 일제의 쌀 수탈기지가 되었다. 조선 사람들은 고통으로 몸부림치면서 군산으로 모여들었다. 그곳에서 수많은 비극이 잉태되고 삶의 애환이 생겨났으며, 인권이 유린당하고 끈끈한 민족정신과 독립을 향한 저항정신이 발현되었다. 이와 함께 문학이 탄생하고 많은 이야기가 만들어지기도 했다. 그러니 뜬다리부두를 빼고서 군산을 이야기할 수 없는 것이다.

트러스 구조는 산업혁명의 부산물이다. 순전히 쇠라는 재료 발달에 기인한다. 초기 트러스는 무른 선철銑鐵이나 연철軟鐵을 사용했지만, 이후 쇠의 제련기술이 발달하면서 연성이 개선되기 시작한다. 휨과 늘어남에 모두 강한 철재가 대량으로 생산되는 시대가 도래한 것이다. 쇠의 연신성延伸性°과 강도가 획기적으로 개선되면서 긴 경간을 가진 트러스 구조°°가 비로소 가능하게 되었다.

° 길이를 늘이는 성질. 주로 달군 쇠붙이를 늘이거나 천을 늘이는 것을 이름.

°°

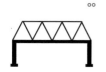

한강에 최초로 만들어진 현대식 다리는 한강철교다. 기다란 쇠를 조립해 만든 트러스교다. 흔히 트러스교를 '쇠로 만든 공룡'이라 부른다. 쇠를 조립해 하천이나 계곡, 바다를 횡단하기 때문이다. 우리에게 큰 아픔으로 남아 있는 성수대교도 트러스교다.

한강철교는 4개의 철도교량으로 되어 있다. 서에서 동으로 차례대로 C-D-A-B 순으로 놓였다. 1900년 7월에 A선(길이 1113.6미터, 폭 5.6미터)을 개통하고 1912년 9월에 B선(길이 1110미터, 폭 5.6미터), 1944년 8월에 C선(길이 1113미터, 폭 10미터), 1994년 12월에 D선(길이 1113미터, 폭 10미터)을 건설했다. A~C선까지는 구한말과 일제강점기에 건설한 것으로 단순 곡현 와렌 트러스(A, B)와 연속 곡현 와렌 트러스(C)로 만들었다.

미국인 모스, 경인철도부설권을 얻다

1883년에 인천(제물포)이 개항한다. 이에 한강 조운漕運에 의존하던 한성부 물류 흐름을 육상으로 돌릴 계획이 구상되는데, 바로 철도다. 뒤늦었지만 산업화와 근대화에 비로소 눈을 뜬 것이다. 철도부설권이라는 이권은 수탈기제는 물론이고 막대한 이익이 보장되는 사업이었다. 따라서 열강들은 후진국 철도부설권을 얻거나 빼앗으려 혈안이었다.

일본도 호시탐탐 조선의 철도부설권을 노렸다. 여기에 경쟁자가 등장하는데, 바로 미국인 모스James R. Morse였다. 모스는 '주조선 미국 전권공사' 직책을 가진 기업인으로, 미국 공사관 알렌Horace N. Allen을 통해 조선 조정에 지속적으로 철도부설권 이양을 타진한다. 1891년 3월, 모스는 조선 정부와 '철도창설조약' 체결을 협상하지만 무산된다.

일본의 방해와 책략은 끈질겼다. 그리고 그들의 야욕은 청일전쟁이 빌미가 되어 결국 실현된다. 일본은 1894년 8월, 조선과 '조일잠정합동조관朝日暫定合同條款'[33]을 통해 경인선과 경부선 철도부설권을 차지한다. 대륙 침략을 위한 배후 병참기지로서 조선을 활용한다는 구상이 비로소 실현된 것이다.

그해에는 동학혁명과 청일전쟁이 동시에 일어난다. 청일전쟁에서 승리한 일본은 지나친 보상을 요구했고, 일본을 견제하던 러시아 주도로 1895년 '삼국간섭'°이 일어난다. 이 사건으로 일본은 울며 겨자 먹기로 경인선 철도부설권을 포기해야만 했다.[34] 아관파천이 일어난 때로부터 50일 뒤(1896년 3월 29일) 결국 미국인 모스가 경인선 철도부설권을 얻게 된다. 공사관에서 고종을 보호하던 러시아 공사 베베르Karl Ivanovich Veber의 지원과 모스가 1896년 조선에 20만 달러의 임시차관을 제공[35]한 것이 큰 몫을 했다.

모스와 조선 조정은 '경인철도특허조관'을 체결하는데, 조관은 '미국 자본을 유치하고, 1년 내 착공과 3년 내 준공, 완공 15년 후 조선 정부가 시가로 매입, 한강에 인도교 설치, 다리 중앙으로 배가 다닐 수 있게 가동교를 만들거나 형하고를 높게 설계해야 한다'는 내용이었다. 조관대로 1897년 3월 22일 경인가도가 있는 우각현牛角峴(지금의 도원역 인근)에서 기공식을 치르고 착공에 들어간다.

러시아, 독일, 프랑스가 개입해 일본이 얻은 요동반도의 반환을 관철시킨 사건.

철도부설권은 다시 일본에게

하지만 일본은 음흉하고 악랄했다. 미국인 투자자들을 상대로 조선 정치가 매우 불안정하다는 악의적 소문을 흘린다. 이에 미국 투자자들이 투자를 멈추고, 투입한 자본의 회수에 나선다. 모스는 투자자 모집 실패로 극심한 자금난에 시달린다. 진퇴양난이었다. 설상가상으로 난공사 구간을 만나 기술력 한계까지 보인다.

모스는 방법이 없었다. 급기야 1897년 5월 9일, 부설권을 일본 재벌들이 설립한 '경인철도인수조합'[36]에 100만 달러에 넘기겠다는 계약을 체결[37]하고 만다. 하부 구조인 노반공사는 절반 정도, 한강철교 교대 및 1, 2, 9호 교각이 완성된 상태였다. 경인선 부설권을 얻은 일본은 1899년 5월 17일 조합정관을 개정해 '경인철도합자회사'를 세운다. 전면에는 사무라이 출신 시부사와 에이이치라는 인물을 내세운다. 이렇게 철도부설권은 일본 손아귀로 넘어가는데, 이는 조선의 철도 주권이 완전히 상실되었다는 것을 의미했다. 경인선은 1899년 9월 18일 인천에서 노량진까지 33킬로미터, 7개 역으로 1차 개통[38]을 한다. 하지만 한강철교 완성은 더디기만 했다. 경인선 1차 개통 후 10개월을 허비하다가 우여곡절 끝에 1900년 7월 5일에서야 끝이 난다. 게다가 일본은 인도교[39]를 설치할 수 없다고 일방적으로 통보하면서 전체 공사비가 늘어났다며 생떼를 쓴다. 그렇게 노량진역~용산역~경성(당시는 남대문)역 구간이 완성된다.

다시, 오래된 다리를 거닐다

Kankō Iron Bridge in Course of Construction.

1900년으로 추정되는 한강철교 건설 모습(위)과 1911년의 한강철교(아래).

한국전쟁 때 끊어진 다리

1950년 6월 25일, 민족 최대 비극인 한국전쟁이 일어난다. 권력을 잡고 있던 이승만 일파는 서울시민들에게 "끝까지 서울을 사수할 것이니 안심하고 생업에 종사하라"는 방송을 하지만 이는 녹음된 음성으로, 방송이 나오던 시점에 이승만을 비롯한 권력집단은 이미 한강을 건너 남쪽으로 피난 중이었다. 임진왜란 때 도성을 버리고 신의주로 도망친 선조보다 더 비열한 모습이었다.

그러고 나서 6월 28일 새벽 2시 30분, 한강철교와 한강인도교를 폭파한다. 광진교도 새벽 4시에 폭파한다. 북한군의 남진을 제지한다는 명분이었다. 수많은 시민이 그 자리에서 목숨을 잃는다. 퇴로도 만만치 않았다. 시민들은 물론이고 군인들마저 퇴로가 끊긴다. 군인들은 중화기 등 무거운 무기를 부득이 버리고 후퇴할 수밖에 없었다. 한강 북쪽에 거주하던 시민들은 그대로 갇힌 꼴이 되었다. 북한군이 점령한 곳에서 견뎌내야 할 처지였다.

폭탄을 투하한 한강철교 세 개 중 두 개는 불완전[40]하게 끊어진다. 북한군은 이들 철교를 급하게 복구하고 기차를 통해 군수품을 실어 나른다. 결과적으로 한강 다리 폭파는 실패한 작전이 되고 말았다. 남한 지역은 신속하게 점령되었고, 낙동강을 경계로 전장이 굳어진다. 이후 피아간에 엄청난 소모전이 이어진다.

9월에 이르러 인천상륙작전이 전개되면서 9월 28일

서울을 수복하고 전장을 북으로 밀고 올라간다. 서울을 위시한 주변 도시에서는 부역자 색출작업이 진행된다. 서울을 사수할 것이니 안심하고 생업에 종사하라 말했으면서는 없는 죄를 묻는다. 이율배반이다. 그들은 다리를 끊어 피난길을 막아놓고서는 적에게 협력했다는 죄목을 선량한 시민들에게 덧씌웠다. 무자비한 만행이 휩쓸고 지나가면서 수많은 사람이 억울한 죽음을 당한다. 경기 고양시 '금정굴 민간인 학살사건'[41]이 대표적이다. 수복 지역에서 1950년 10월부터 이런 일들이 비일비재했을 것으로 추정된다. 밝혀지지 않은 학살사건은 수없이 많았을 것이다.

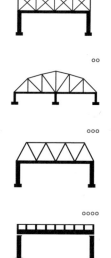

전쟁 때 끊어진 한강철교 C선은 1957년 7월 수평 더블 와렌 트러스°로 복구된다.[42] 전쟁이 끝나고 4년 만이다. A, B선은 1969년 6월에 복구된다.[43] 일제 때 곡현 와렌 트러스°°로 만든 구조물을 복구하면서 역시 수평 와렌 트러스°°°로 바꾼다. 1994년 12월에 완공된 D선도 수직재가 있는 수평 와렌 트러스다. 현재 한강철교 트러스 구조는 한강 남측 중간 부분까지다. 너른 모래사장을 제외한 옛 한강의 물 흐름 폭이다. 모래사장 쪽은 형교(거더교)°°°°로 이어져 있다.

아픈 한강의 얼굴

서울역과 용산역에서 한강 이남을 잇는 모든 철도는 한강철교를 지난다. 철도를 통한 관문으로 한강과 서울의 얼굴이다. 한강철교 역사는 민족 수난의 역사 그대로다. 피식민

1910년대 한강철교 A선과 B선의 모습.

한강철교는 1944년 C선이, 1994년 D선이 개통되면서 총 4개의 다리가 되었다.

지 수탈의 상징이다. 철도부설권을 매개로 한 침략의 상징이기도 하다. 한반도를 전쟁기지로 만들려는 그네들의 좋은 먹잇감이 바로 철도였다. 그들은 일본~부산~서울~평양~신의주라는 대륙 진출의 길을 철도로 만들어냈다.

한강철교는 또한 민족상잔의 비극과 비겁한 권력집단의 치부를 드러내 보여주는 증거다. 한국전쟁의 참상을 말할 때 수많은 민간의 학살과 함께 한강 다리 폭파 장면이 등장한다. 한강철교는 피식민지 수탈과 더불어 전쟁이라는 극한을 감내해야 했던 민족사의 처참한 비극을 끌어안고 있다. 전쟁의 참화를 피하지 못한 시민들은 억울한 누명과 탄압에 비명을 지르며 신음했고, 재산은 물론 목숨까지 빼앗겨야 했다.

120년 전에 검은 연기를 내뿜으며 달리는 철차를 필두로 근대화의 물결은 몰려왔다. 우리 힘으로 일궜어야 할 자주적 근대화는 일제 군국주의 앞에서 길을 잃었다. 수탈적 근대화가 한반도에 이식된다. 그마저 남의 손으로 얻은 해방은 곧장 한국전쟁이라는 비극으로 이어져 다시 한 번 쓰라린 아픔을 가져다주었다.

모든 것을 꿋꿋하게 지켜낸 한강철교

한편으로 한강철교는 산업화와 경제 발전의 상징이기도 하다. 사람들은 가난한 시골에서 서울로 몰려들었다. 먹고 사는 문제를 해결하는 게 최고 덕목이던 시절이다. 누군가는 공부하기 위해 기차를 타야만 했다. 서울로 몰려든 사람들은

다시, 오래된 다리를 거닐다

간절했다. 모두가 땀을 흘렸고 부지런히 일했다. 그러나 무능한 권력은 독재의 길로 나아갔고 국민 힘으로 얻은 자유와 민주는 쿠데타 총칼에 무너지고 말았다.

긴 군사독재 터널에서 신음해야 했던 국민은 권력에 끈질기게 저항했다. 터널 같은 암흑기를 이겨내고 결국은 민주화의 길로 접어들었다. 근면함과 민주주의를 열망하는 의식의 변화가 눈부신 산업화와 경제 발전을 견인한 원동력이었다. 어느 독재자가 경제를 살려냈다는 말을 결코 신뢰하지 않는다. 시민들의 열망과 땀이 그리고 변화하고 진화한 시민 의식이 경제 발전의 진짜 원동력이었기 때문이다.

1987년에서야 비로소 형식적 민주주의를 얻어냈을 뿐이다. 그마저 몇 번이나 반동의 길을 걸으며 오늘에 이르렀다. 민주주의에 대한 열망은 끊임없이 나아가야만 하는 열차의 길을 빼닮았다. 한강철교는 모든 것을 꿋꿋하게 지켜냈다. 철교 밑을 흐르는 강물은 유유하다. 철교 위를 빠르게 지나는 철차는 묵직한 힘으로 가야만 하는 길을 가고 있을 뿐이다. 철교는 역사의 무게를 묵묵히 떠안고 있다. 잘 짜인 트러스의 운명일까? 철교 위를 지나며 마음속으로 되묻는다. 우리는 지금 반드시 가야만 하는 길로 나아가고 있느냐고.

한강
최초의
인도교
한강대교

조선시대 권력자들 사이에서는 치도治道는 병가지대기兵家之大忌라는 인식이 팽배해 있었음.

근대 이전 우리 교통수단은 육로보다는 강과 바다를 이용하는 조운이 훨씬 활발했다. 이는 지형 극복의 한계 때문이기도 했지만 '잘 닦인 길은 유사시 적을 이롭게 한다'는 인식의 영향이기도 했다. 따라서 큰 강과 바다에 면한 곳에 주로 도시가 번성했다. 그러던 것이 1900년을 전후해 철도가 생겨나고 피식민지로 편입되면서 군사 목적의 육상 운송이 비약적으로 발달한다.

한강도 마찬가지다. 강화에서부터 송파에 이르기까지 곳곳에 하항河港이 번성한다. 경인선 철도와 함께 한강철교가 생겨도 서민들의 주요 교통수단은 여전히 배였다. 이는 접근이 편리하고 비용이 저렴하다는 점, 열악한 사회간접자본

한강철교 A선을 수리하며 뜯어낸 재료로 만든 최초의 한강 인도교.

공급 수준에 따른 당연한 귀결이었다.

반영구적인 다리가 없던 시절에 한강을 걸어서 건너려면 배다리를 이용하는 수밖에 없었다. 앞에서 언급한 정조대왕의 노량주교가 대표적이다. 그러다 19세기 말 처음으로 한강을 걸어서 건널 구상을 하는데, 이때 인도교 설치 문제가 거론된다. 하지만 우여곡절 끝에 다리가 완성된 것은 피식민지 시대에 이르러서다.

한강철교 A선을 수리하며
뜯어낸 재료로 만든 인도교

1905년 경부선과 경의선이 개통된다. 1911년에는 일제의 대륙 진출을 위한 압록강철교와 호남선 일부, 경원선 일부가 개통되면서 철도 수송량은 급증한다. 이는 피식민지 한반도를 군사기지화하려는 일제의 철도망 구축 계획에 기인한다. 한강에 추가로 철도용 다리를 만들어야 할 필요성도 대두되는데, 한강철교 B선이 1912년에 A선과 같은 모습으로 신설된다. 한강철교 A선은 핀 프랫 트러스Pin Prat Truss° 구조인데, B선을 만들면서 1913년 5월 A선 트러스 강재를 교체하고 일부 교각도 보강한다. 일제는 이때 A선에서 뜯어낸 트러스 강재의 사용처를 구상한다.

조선총독부는 제1기 치도사업治道事業[44]을 시행 중이었다. 1914년 발발한 제1차 세계대전이 한창이던 시기였다. 전쟁은 전 세계에 경기 침체와 높은 물가 상승을 가져왔다. 특

° 쇠기둥으로 짜인 트러스 각 결절 부위를 핀이나 힌지로 결구시키는 공법. 시간이 지나면 결구된 부위 핀이 느슨해져 시설물 수명을 단축시킴. 지금은 사용되지 않는 공법.

히 강재와 유류 가격이 급등했다. 총독부는 제1기 치도사업 중 동래~경주, 전주~논산 구간의 도로 사업을 제2기로 순연 시키고, 그렇게 확보한 예산과 한강철교 강재를 가지고 한강 에 보도步道다리 건설을 계획한다. 1916년 3월 기공식이 열 렸는데, 예산은 66만 원이었다. 하지만 세계대전의 영향으로 각종 자재비가 폭등해 1차에 8만 원, 2차에 12만 4000원의 증액이 불가피했다. 다행히 날씨 등 공사 여건이 좋아 비용 일부가 다시 절감되면서 1917년 10월 총 공사비 83만 4000 원으로 다리가 완공된다.

한강대교는 최초의 보차혼용步車混用 다리이자 1등 도 로였다. 경성을 삼남 지방 산작로와 연결하는 시작점이기도 했다. 다리 폭은 7.7미터(차도 4.5미터, 좌우 보행로 각 1.6미터)에 불과했는데, 한강 한가운데 노들섬(중지도)을 기준으로 노량 진으로는 440미터 길이의 '한강교'가, 용산으로는 188미터 길이의 '한강소교'로 건설되었다. 경성전기에서 다리에 경관 조명을 설치해 다리는 어리둥절한 피식민지 경성부민의 구 경거리가 된다. 한밤중에는 데이트코스로, 한여름에는 피서 지로 각광[45]받는다. 한편으로는 피식민지의 노예 같은 삶을 비관한 사람들이 스스로 삶을 내려놓는 장소이기도 했다.

새로 만든 다리와 그 위에 깔린 전차선

1930년대 후반 일제는 본격적으로 대륙 침략을 도모 하면서 그 일환으로 부족한 도로를 확충°하기 시작한다. 병

°
조선총독부 고시 제956 호(1938년 12월 1일)에 따르면, 이 시기 이미 지 금의 국도 1호선(당시 국 도 2호선: 경성~신의주, 국도 3호선: 목포~경성)° 이 완성되었음.

참선 중간 기착지이자 전쟁의 가장 중요한 배후지는 경성이
었다. 따라서 한강을 건너는 현대식 교량의 필요성은 점차
커져갔다. 여기에 자동차 대수도 크게 증가한다. 노량진과 영
등포 일대로는 급격한 도시화와 공업화가 진행 중이었다. 한
강대교는 을축년(1925년) 대홍수 때 한강소교가 유실되어 임
시다리를 놓아 근근이 버티고 있는 실정이었다. 폭 4.5미터
자동차 교량으로 이 모든 것을 감당해낼 수는 없었다.

1934년 8월 새로운 다리가 착공된다. 폭 7.7미터짜리
한강인도교에서 상류로 20미터 이동한 지점이다. 형식은 강
재 타이드아치Tied Arch교°로 노들섬을 포함해 길이 1005미터,
폭 19.99미터였다. 215만 8000원의 공사비로 1936년 10월
완성하는데, 노들섬까지는 유려한 6경간 아치교였고, 섬에서
용산까지는 강판형교였다. 드디어 한강에 현대식 도로용 다
리가 생겨난 것이다. 다리 한가운데에는 노량진을 연결하는
복선 전차선도 깔았다. 그럼에도 사람들은 다리를 여전히 '한
강인도교'라 불렀다. 폭 7.7미터의 인도교는 철거되는데, 철
거한 트러스 부재는 다시 광진교°° 건설에 사용된다.

°°
1936년 준공된 한강 둘
째 도로교. 한강인도교
강재트러스 7지간(429.5
미터)을 옮겨다 건설함.

°°°
한강철교 A, B, C선과 한
강인도교는 새벽 2시 30
분에, 광진교는 새벽 4시
에 폭파됨.

한국전쟁 때 끊긴 다리 잇기

1950년 6월 25일 새벽 한국전쟁이 일어나고, 만 3일이
되기도 전인 28일 새벽 2시 30분을 전후해 한강을 건너는 모
든 다리가 폭파된다.°°° 결과적으로 작전은 실패했고 아군 전
력에 엄청난 손실을 초래한 어리석은 짓이 되고 말았다. 이

1936년 증설된 한강인도교(위)와 1979년의 한강대교(아래).

전쟁 당시 국군 병력은 9만 6000명이었음. 한강다리 폭파로 이 가운데 4만 4000명이 실종된 것으로 추정. 폭파를 명령한 육군 공병감 최창식 대령은 이후 사형을 선고받고 총살형에 처해짐.

파괴된 인도교 경간 사이에 임시로 가설한 한강가교와 마포·서빙고 등에 설치한 군용부교.

ICA가 1955년 7월에 발주한 강재 등 자재 50만 달러 상당이 1957년 1월부터 반입되기 시작함.

는 군 병력 4만 4000명을 잃는 직접적 원인이 된다. 그나마 한강철교는 불완전하게 끊긴다. 북한군은 한강철교 A, B선을 임시 복구해 남쪽으로 신속히 진격한다. 서울시민은 적 수중에 갇히고, 한강인도교에서만 800여 명의 인명과 50여 대의 차량이 순식간에 사라지고 만다.

인천상륙작전으로 서울을 되찾으면서 한강인도교는 임시시설을 가설해 사용한다. 한강철교 A, B선도 비슷한 처지였다. 1.4후퇴 때는 임시로 복구한 시설물마저 다시 파괴하고 후퇴해야 했다. 그러기를 반복하다가 휴전이 되었는데도 한강을 건너는 일은 임시가설물에 의존하는 처지를 벗어나지 못한다.

휴전 후 만 4년이 지난 1957년 9월이 되어서야 정부는 한강인도교 복구에 나선다. 그나마 국제원조처ICA의 원조용 자재가 반입되어 같은 해 봄 허술하나마 공사 여건이 형성되었기 때문이다. 타이드아치 제작이 1차는 8월, 2차는 12월에 이뤄지고 난 이후의 일이다.

복구공사는 1958년 5월에 마무리된다. 1차 타이드아치 설치공사 입찰 과정에서는 흥화공작소가 1000환이라는 입찰금액을 써내 사회적 논란[46]을 불러일으키기도 한다. 공사는 차순위 최저가를 제시한 현대건설로 낙찰된다. 11월 2차 설치공사 입찰도 현대건설이 수주한다. 한강인도교 복구공사를 계기로 현대건설은 건설업계의 신흥 강자로 부상하는 행운을 얻는다.

1961년 5월, 군사쿠데타 과정에서는 웃지 못할 일도 벌어진다.[47] 쿠데타군에 가담해 김포에서 서울로 향하던 해병대와 이를 막아내려는 육군본부 헌병대가 한강인도교에서 교전을 벌인 것이다. 당시까지 한강을 건너는 유일한 교량이 한강인도교였던 것이다. 1968년 한강과 서울을 망가뜨리기 시작한 〈한강개발 및 강변도로 건설사업〉이 진행되어 한강 양안으로 도로가 생겨나자 한강인도교 남·북단으로 입체교차로가 설치된다.

쌍둥이 다리로 탄생한 뒤 이름을 바꾸다

1980년 서울은 인구 836만의 거대도시로 변모한다. 1960년대 말부터 시행된 도로교통 위주의 교통정책은 도시 곳곳에서 극심한 체증을 빚어냈다. 철도와 지하철, 간선도로와 도시고속도로가 거미줄처럼 엮인다. 그럼에도 서울의 전통 관문은 여전히 한강인도교였다. 상대적으로 초라한 면모이기는 했지만 한강인도교 역시 극심한 교통체증에 시달린다. 이에 노량진과 그 배후지 상도동 일원을 용산을 비롯한 도심과 효율적으로 이을 방안이 같이 구상된다.

1979년 1월, 쌍둥이 한강인도교 공사가 시작된다. 동시에 '마냥고개'라는 만안현萬安峴 밑을 지나는 4차선 상도터널도 함께 건설된다. 새 다리는 기존 다리처럼 노량진에서 노들섬까지는 6경간 타이드아치로, 노들섬에서 용산까지는 강판형교로 만들어지는데, 1981년 12월 완공된다. 1958년

1982년 쌍둥이 다리로 재탄생한 한강대교.

에 복구한 다리도 몇 차례 보강과 보수 과정을 거친다. 그리고 1984년 '한강인도교(제1 한강교)'라 부르던 명칭을 '한강대교'로 바꿔 부른다. 이때도 다리는 삶의 막바지에서 스스로를 강물에 버리려는 사람들로 골머리를 앓는다. 그때부터 아치틀에 오르지 못하도록 여러 장치가 생겨나고, 자살 방지 방안이 시행된다.

　　한강인도교가 생긴 지 100여 년이란 시간이 훌쩍 넘었다. 인도교는 우리의 비참하고 치열하며 각박한 삶을 오롯이 지켜봐준 다리다. 얼마 지나지 않아 쌍둥이 아치교는 그 생명을 다할지도 모른다. 시설물은 물론 도시도 살아 있는 생명체처럼 유기적이기 때문이다. 따라서 끊임없이 변모한다. 그 변화는 오로지 우리와 후세대 몫이 되었다. 이제부터는 새로운 길이어야 한다. 오욕과 수탈, 비겁과 반동이 아닌 올곧고 시원한 전혀 다른 길이어야 한다. 그 길은 새로워질 후세들에게 합리와 공정, 창조와 번영을 건네는 이음이어야 한다. 다리는 말한다. 우리에게는 오직 그 길뿐이라고.

친일파
투기꾼
때문에
생겨난
공주 금강철교

친일파 문제는 현재진행형이다. 이는 해방 직후부터 지금의 권력 경쟁에 이르기까지 일관되게 관통되는 하나의 흐름이다. 우리는 해방이 되었어도 친일파를 청산하지 못했다. 이들은 분단 세력이자 반공주의자로 탈을 바꿔 쓴다. 모리배가 되어 극렬한 부정부패는 물론 쌀을 비롯한 생필품을 매점매석[48]하기까지 한다. 분단을 획책하는 것도 모자라 1961년 그 집단이 총칼을 들고 나라마저 훔친다. 굴욕적 친미·친일의 과정을 반복하면서 권력 유지를 위한 날카로운 무기로 삼는다. 친일파는 지금도 대한민국의 정치·경제·언론·학문 등 모든 부문에서 지배 담론을 형성하며 군림하고 있다. 친일파라는 단어에는 오점투성이 우리 근현대사가 온전하게 녹아들어 있다.

친일 부역과 착복·수탈로 거대한 부를 쌓고, 도청 이
전이라는 내부 정보를 이용해 엄청난 부동산 투기를 저지른
자가 있다. 공주 갑부 김갑순(金甲淳, 창씨명 金井甲淳, 1872~1961
년)[49]이다. 공주감영 사령 군노 시절 투전판 단속에 나섰다가
묘령의 미인을 만난 그는 이 여인을 충청감사 첩으로 들여앉
힌다. 그 뒤부터 김갑순은 관운이 열리기 시작한다. 벼슬아치
가 되어 왕실 토지에서 거둬들인 곡식을 착복하는 등 농민을
수탈하고 징수한 세금을 빼돌려 부를 쌓는다. 1905년 허허벌
판 대전으로 경부선 철도가 지나가는데, 1911년 대전~강경
선의 대전 분기를 시작으로 1914년 호남선이 개통하자 김갑
순은 대전 땅에 눈을 돌린다. 고향 공주에서는 해괴한 짓으
로 돈을 모으기도 하는데,[50] 이렇게 모은 돈으로 대전역 주변
땅을 사들이는 데 사용한다.

일제의 국토 유린과 도청 이전

공주는 호서와 호남을 잇는 교통과 상업의 중심지이자
조선시대 충청감영이 있었던 행정도시다. 공주를 근거지 삼
아 큰 부를 쌓은 김갑순은 관료 생활을 하면서 맺은 연줄을
충분히 활용한다. 그는 돈을 앞세워 자식들을 전부 정략결혼
시킨다.[51] 7남 4녀 중 이미 죽은 4남과 6남을 제외한 자녀들
을 친일 재력가나 친일 정치인과 혼인 관계를 맺는 도구로
활용한 것이다. 그의 수중에는 부는 물론 재력가와 관료라는

촘촘한 정보망이 형성된다.

대전은 일제강점기를 전후해 경부선과 호남선 철도가 지나는 교통 요충지로 변모한다. 공주가 누리던 삼남의 교통과 물산의 집산 기능은 급격히 대전으로 옮아간다. 일제강점기에 새로 형성된 신흥도시가 그렇듯 대전도 상공업 중심 도시로 급부상한다. 더욱이 일본인들이 대거 대전에 몰려 살면서 공주에 비해 충분한 기반시설을 갖추게 된다.[52] 한편으로 일제의 한반도 개발 구상은 효율적인 대륙 침략을 위한 교통과 병참시설 건설로 모아지고 있었다. 엑스 자형 철도망을 구축하고, 행정 편의라는 명분을 내세워 철도가 통과하는 지점으로 도청 소재지를 이전시키는 행정 재편도 펼쳐나간다. 이는 효율적인 식민지 지배체제를 확립하려는 의도였다. 또 통치구역 정비로 조선 기득권 세력의 경제적 기반을 약화시키고 섬나라에서 이주해온 자국민의 경제적 기반을 확대·증진시키려는 전략이기도 했다. 새로운 식민도시 건설이었던 것이다. 1910년에는 경기도청이 수원에서 경성부로, 1920년에는 함북도청이 원산에서 나남(청진)으로, 1923년에는 평북도청이 의주에서 신의주로, 1925년에는 경남도청이 진주에서 부산으로 각각 이전한다. 이런 추세를 보면 시간의 문제일 뿐 충남도청이 대전으로 이전하는 것은 거의 정해진 수순이나 다름없었다. 1925년 경남도청 이전 과정에서 빚어진 격렬한 반대운동 같은 것이 걸림돌이라면 작은 걸림돌이었을 뿐이다. 김갑순은 이런 내부 정보를 일찍이 취득한다.

지금은 사용하지 않는 대전의 옛 충남도청사.

친일 투기꾼의 로비와 도청 이전 반대운동

김갑순이 대전 땅에 눈독을 들인 것은 경부선이 개통 된 1905년에서 호남선이 개통된 1914년 전후다. 그는 착복한 돈과 은행 대출, 해괴하게 모은 돈, 공주 지역에서 각종 사업으로 벌어들인 자금을 대전 땅 사들이는 데 몽땅 사용한다. 대전역을 중심으로 대전천 건너 남측의 넓은 땅이 먹잇 감이었다.[53]

1929년 조선 총독 야마나시 한조의 의옥疑獄사건[54]이 여론화되는데, 이 과정에서 친일파와 대전 거주 일본인들이 벌인 '충남도청 이전 로비 사건'[55]이 폭로된다. 이에 공주 지역은 발칵 뒤집힌다. 반대 기구로 '공주시민회'[56]가 조직되기도 하지만 총독부의 부인으로 반대운동은 유야무야된다. 그런데 야마나시의 뒤를 이어 부임한 사이토 마코토 총독은 대전으로의 도청 이전을 공식화한다. 이듬해인 1930년 11월 10일, '충남도청 이전 신축예산'이 책정되었다는 사실이 알려지면서 충남 각 지역은 이전 반대에 한목소리를 낸다. 그러는 한편 자기 지역으로 도청을 유치하려는 움직임도 일어난다. 도청의 대전 이전은 반대하면서 활발한 유치 활동을 벌인 곳은 천안과 조치원, 논산 등이다.

1930년 11월부터 1931년 3월까지 공주시민회는 격렬한 이전 반대운동을 전개한다. 공동의 이익인 도청 이전 반대를 놓고 조선인과 일본인은 긴밀한 협력 관계를 구축한다. 대규모 시민회를 열고 3000여 원의 운동자금을 모금하는 등 반대운동은 활기를 띤다. 1931년 1월 3일, 도지사 관저 앞에 500여 명이 모여 시위하고, 동시에 30여 명의 진정 위원단을 서울 조선총독부에 파견하는 활동도 벌인다. 하지만 총독부 정책은 변함이 없었다. 공주는 '교통이 불편해 행정 중심지로 부적당하고 청사가 낡고 협소해 행정 편익을 도모하기 어렵다'는 명분이었다. 김갑순을 비롯한 대전에 넓은 땅을 사들인 일본인과 일본 기업이 벌인 로비 그리고 뇌물이 힘을 발휘한 것이다. 1931년 1월 13일, 조선총독부는 내무국장 이름으로 충남도청의 대전 이전을 기정사실화한다. 대전에 대대적으로 투기를 한 김갑순과 일본 기업, 몇몇 일본인들[57]의 만면은 화사해졌다. 시민회는 1931년 1월 16일 대회를 열어 도청 이전 반대 결의문을 채택하고 도청 앞 시위를 주도한다. 대규모 상경단을 총독부에 보내는 한편, 시민회 회장 마루야마 도라노스케 등이 일본으로 건너가 제국의회帝國議會[58]에 진정을 넣기도 한다. 시장 상인들도 철시로 동참한다. 그러나 도청 당국자는 임시 대표를 불러 한편으로는 회유하고, 한편으로는 경찰을 동원해 시민회 간부를 잡아들이고 사무실을 수색하는 탄압을 벌인다.

　　1931년 2월 5일, 일본 제국의회 중의원에서 '의회는 일시동인一視同仁의 정신으로 진정을 청취해야 2000만 조선인의 신뢰와 위안을 얻을 수 있다'는 명분을 내세우며 도청 신축예산을 전액 삭감한다. 시민회도 책자 등을 통해 이전의 부당성을 홍보하고 나선다. 그러나 일본 제국의회 귀족원은 그해 3월 13일 중의원 결의를 무시하고, 총독부 안을 지지해 도청신축예산안을 승인한다. 공주시민들은 3월 11일 밤부터 13일 오전까지 공산성公山城에서 횃불시위를 전개하고 시장통에서 투석전을 벌이는 등 격렬하게 시위를 이어가지만, 일제는 300여 경찰 병력으로 시민 50여 명을 잡아 가두는 등 강경하게 진압한다. 이후 4월에 시행된 읍회邑會 의원선거를 끝으로 반대운동은 사그라들고 만다.

김갑순은 대전에 사 놓은 땅 일부를 청사 건립부지로 헌납한다. 원조 투기꾼다운 참으로 뛰어난 감각이다. 도청이 들어서면 주변 땅값은 천정부지로 오를 것이기 때문이다. 친일모리배를 넘어서는 악질 중 악질이다. 청사는 1931년 12월 12일 상량식을 거행하고, 1932년 5월 30일 공사비 35만 9000원을 들여 준공한다. 같은 해 6월 17일 충남도청 대전 이전을 공식적으로 인정하는 '조선총독부령 제48호'가 공포된다. 그리고 같은 해 10월 1일 청사 이전은 완료된다. 김갑순은 대전에서 자기 돈으로 자기 땅을 비싸게 사들이는 교묘한 수법으로 자산을 불려나간다. 지금도 전문 투기꾼들이 즐겨 사용하는 수법으로, 유감없는 원조 투기꾼다운 면모다.

도청 이전의 후속 조치로 세워진 금강철교

이제 공주의 관심은 도청 이전에 따른 보상으로 옮아간다. 그러나 총독부는 도청 이전 후 1년이 지나도록 아무런 후속 조치를 취하지 않는다. 1932년 7월 10일, 공주읍사무소

앞뜰에서는 공주시민회가 다시 열린다. 시민회 대표들은 '도 및 총독부 예산으로 처리해야 할 13가지'와 '국비로 시설해 주어야 할 7가지'에 대해 총독부로부터 제대로 답변을 듣지 못했다고 보고한다. 이는 지역 발전을 위해 필요한 요구사항을 망라한 것으로, 이중 눈에 띄는 내용은 '시장市場의 읍邑 직영, 공주~조치원 노선 철도국 직영' 등이다. 이는 모두 김갑순 소유물이거나 권리였다. 시민들이 김갑순에 대한 응징 수단을 요구사항에 포함시킨 것이다.[59] 아울러 '중선 철도의 건설, 관립 사범학교 설치, 궁민 구제 자금의 융통 등 당장 해결해야 할 보상요구 3가지'를 결의한다. 그러나 총독부에 의해 부분적으로 받아들여진 요구사항은 '금강철교(금강대교) 가설, 농업학교 개설, 사범학교 설립, 재판소·잠종시험소 등 각종 도청 부속기관의 대전 이전 보류' 등에 불과했다.

금강철교는 김갑순이 통행료를 받던 '금강 배다리'를 무력화하는 사업이었다. 김갑순의 더러운 욕망을 응징하고자 하는 공주시민들의 생각이 만들어낸 다리다. 신의주~목포를 연결하는 국도 1호선의 금강을 횡단하는 주요 구간이기도 하다. 다리는 1932년 1월 2일 착공해 이듬해 10월 23일 준공되는데, 길이 514미터, 폭 6미터, 평균 높이 약 20미터의 곡현 트러스교다. 완공 당시에는 한강 이남 최대 길이의 다리였다. 금강철교는 이후 한국전쟁 때 교량 3분의 2가 파괴되었다가 1952년에 복구되고, 다시 2002년 보강해 현재에 이르고 있다. 지금은 1톤 트럭 이하 소형 화물차량과 승용차

한의 다리 금강철교는 현재 일방통행용 도로로 사용되고 있다.

만 이용할 수 있는 일방통행용 교량으로 사용 중이다.

　금강철교는 공주 사람들에게는 한恨의 다리다. 아울러 악질 친일파이자 부동산 투기꾼의 욕망을 채워준 대가로 세워진 다리다. 지금은 야간 경관 조명으로 멋을 부리는, 공주 시민들의 사랑을 독차지하는 다리이기도 하다.

아픔과
탄식,
희망의
다리
부산 영도대교

일제강점기를 전후해 개항된 항구도시 대부분이 그렇
듯, 부산도 전통적 통치 기반인 동래와 일본인 거류지인 초
량 권역°에 각기 차별적·수탈적으로 도시화가 진행된다. 이
는 교통시설의 발달과 궤를 같이한다. 초량 권역의 일본인
거류지°°는 개항 이후부터 본격적으로 조성되었고, 1905년
경부선 부설 즈음에는 해안 매립을 통한 항만시설이 구축되
기에 이른다. 이는 대륙 진출을 위한 전초기지로서 부산의
역할을 제고提高하려는 일제의 전략이었다. 따라서 철도역은
물론 신작로, 항만 배후시설이 초량 중심인 중앙로와 남·북
항 인근에 집중적으로 배치된다.

자연스럽게 경제력은 이들 지역 중심으로 재편되는데,

°
조선 후기 왜관이 있었던
지금의 부산광역시 중구
초량동, 영주동, 신창동,
중앙동, 동광동, 광복동,
남포동, 대청동, 부평동,
보수동, 충무동, 부민동
일원.

°°
1906년 개항장에 설치된
'이사청'과 일본 거류민의
법제화된 조직인 '거류민
단'이 주축임.

전통 행정 중심지인 동래는 철저히 소외되고, 초량 일대 일본인 거주지 주변으로 각종 행정관서가 자리 잡는다. 반면, 피식민지 민중 생활권은 일본인 거주지 주변 열악한 곳에 기생하는 형태로 형성된다.[60] 생활권을 극명하게 구분 짓는 도시 기능과 토지이용 분리가 이때 태동한다.[61] 영도라는 섬도 예외는 아니었다. 영도대교(개통 당시에는 부산대교)가 착공되어 준공될 시기 부산 인구 추이[62]를 살펴보면 이를 분명하게 유추해볼 수 있다. 또 이 시기 산업 생산은 전적으로 일본인들이 장악하고 있어서 피식민지 민중의 삶은 이들에게 철저히 예속·종속될 수밖에 없었다.

수산 자원의 기지로 변모하는 절영도

신라 때부터 영도에는 나라에서 말을 기르는 목장이 있었다. 이곳에서 기르는 말은 모두 명마로, '그림자가 잘려나갈 絶影' 정도로 말이 빨랐다는 데에서 섬 이름이 유래한다.° 임진왜란이 끝난 뒤에는 왜관이 6년간 임시로 들어서기도 했다. 구한말에는 이곳에 절영도첨사영이 설치(1881년)되어 15년간 존속한다. 부산 개항(1876년) 이후 일본은 절영도의 삼림 자원을 요구하는데, 조선 정부는 섬에 있던 말 목장을 지금의 암남동으로 옮기고 주변의 세 개 진을 통합한 절영도진을 세워 이 요구를 거절한다. 아관파천 직후에는 러시아가 조차租借를 요구한 적도 있다. 부동항 건설과 일본을 견제하려는 목적으로 해군기지를 만들려 한 것이다. 이 일은 친미개화파가 주

°
목도牧島→절영도絶影島
→영도影島로 변천함.

영도대교가 들어서기 전 영도 모습. 영도 부근 어장은 그야말로 황금어장이었다.

도한 만민공동회가 서울 종로에서 집회를 열어 무산시킨다.

영도 부근 어장은 그야말로 황금어장이었다. 부산이 개항하자 일본 어선이 몰려들었는데, 이들은 영도를 어업 전진기지로 삼는다. 영도를 근거로 동해와 남해 수산자원의 씨를 말릴 기세였다. 1880년대 '한일통어장정'과 '한일어선규칙'은 더 활발하게 이 지역 어장을 공격할 수 있는 좋은 빌미가 되었다.[63] 이런 이유로 영도에는 자연스럽게 조선업造船業이 성행한다. 소규모 일본인 조선소가 하나둘 생겨나자 유곽이나 음식점도 같이 들어선다. 1905년 이후 '이주 어촌'이 건설되면서는 인구가 두 배 이상 급격히 불어난다. 일본 어업인들은 영도를 그들의 정박 기지로 구축해나갔는데, 이들이 영도 인근은 물론 남해안과 제주도 일대 수산자원을 고갈시킨 주범이다. 이는 남해안을 삶의 터전으로 삼고 살아가던 제주도 해녀와 전라도 어부를 영도로 불러들이는 역설을 만들어내기도 했다. 이 두 지역 출신 인구가 영도에서 차지하는 비중이 커진 직접적 이유다.

효율적 수탈을 위한 도시 재구조화

1914년 행정구역이 개편되면서 영도는 부산부에 편입된다. 이때는 초량과 중앙동을 중심으로 부산 시가지가 확장하던 때다. 이와 인접한 영도는 매립을 통해 급속한 변화를 겪는다. 지금의 남항동, 대평동 일대로 이 지역은 1916년부터 1926년까지 매립이 진행되고,° 그 자리에 근대식 조선소

° 이른바 대풍포 매립(13만 2660제곱미터)이라 부름. 이를 시작으로 영도 북서부가 본격적으로 매립됨.

1887년 다나카조선소를
시작으로 크고 작은 근대
식 조선소들이 들어옴.

가 들어선다.˚ 덩달아 관련 수리소 등 연관 산업이 속속 자리를 잡는다. 매립이 섬 곳곳에서 이어지면서 제법 규모 있는 근대 어업항구가 생겨난다. 영도는 인구 수만 명이 사는 '섬의 도시'로 변모해간다. 1920년대 말 부산은 크게 부산부와 영도 두 도시 클러스터를 형성하며 성장한다. 이 두 곳을 이어줘야 할 명분은 충분했다.

1928년 〈부산부전도〉는 남항과 북항을 중심으로 시가지가 형성되고 있음을 잘 보여준다. 이들 항구는 영도가 천혜의 방파제 구실을 함으로써 온전히 항만 기능을 수행하던 곳이다. 일제는 이들 경역˚˚을 중심으로 일본인 집단 거류지를 만든다. 도심에는 트램Tram인 전차 선로가 온천장에서 남쪽으로 연장되고 있었다. 이를 위해 일제는 남북을 잇는 넓은 가로를 구상하는데, 그 결과가 바로 대교통大橋通(지금의 중앙로)이다. 대륙으로 신속하게 물자를 수송하는 것은 물론, 유사시 전쟁터로 향하는 대규모 군대의 숙영을 가능케 하려는 목적이었다. 1930년 전후는 일제가 만주를 비롯한 대륙 진출의 야욕을 전면에 드러내던 시기다.

지금의 동구청-서구청-
구덕운동장에 이르는 평
탄지와 일부 계곡.

영도 인구는 1926년 2만 명을 넘어선다.[64] 육지와 통하는 길은 뱃길이 유일했기에 섬과 육지를 잇는 도선업이 무척 성업했다.[65] 하루 이용객은 평균 1만 명을 상회했는데, 뱃삯은 왕복 5전이었다. 부영府營 체제였으나 요금에 대한 영도 주민들의 불만이 상당했다. 도선 혼잡도가 어느 정도였을지는 짐작이 간다.

당시 영도의 많은 땅을 소유하고 있던 자는 하자마 후사타로[66]였다. 부산의 경제와 정치에 깊숙이 관여한 권세 있는 일본인이었다. 무역 등을 통해 한반도 곳곳에 거대한 토지를 소유한 원조 투기꾼으로, 부산부 의원도 여러 차례 역임한다. 미루어 짐작건대, 중앙동과 초량 등지로 큰길을 낼 때 이 자가 소유한 넓은 토지가 포함되었을 것이다. 주변 토지 가격이 오르는 것은 물론, 수용된 땅에 대한 반대급부를 요구했을 개연성도 높다. 혹여 부산과 영도를 잇는 다리를 놓아야 한다고 주장하지는 않았을까? 나중에 영도대교가 개통되어 다리가 들어올려질 때마다 이를 구경하던 사람들이 "하자마 땅값 올라간다"고 비아냥거린 이유는 무엇일까? 이 사람이 이 땅에 '부동산 투기'라는 말초적 욕망을 심어놓은 몇 안 되는 초기 인물 중 하나는 아니었을까?

수탈의 상징으로 세워진 연륙교

1926년 부산과 영도 사이에 다리 놓을 준비를 한다. 동경대 교수[67]를 초빙해 타당성 조사를 실시하고, 이를 통해 대규모 교량을 구상한다. 이듬해 일제는 두 개의 대안[68]을 수립하지만, 최종적으로 해상 교량인 연륙교連陸橋가 채택된다. 그러자 반대 여론이 들끓는다. 특히 해운업자들의 반발이 거셌다. 도선 폐지는 물론 다리가 놓이면 남항과 북항을 오가는 해로가 막혀 영도를 빙 돌아야 하기 때문이다. 해저터널은 물론 대형 페리Ferry로 건너는 방안까지 대두되는데, 이때

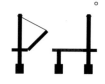

당시 다리 이름은 목도부
산도진교牧島釜山渡津橋,
부산목도간도진교釜山牧
島間渡津橋였음.

대교통과 영도대교 전체
공사는 오바야시 쿠미가
수주하고, 이 가운데 다
리는 설계에 관여한 야마
모토가 운영하는 '야마모
토공무소'가 하청을 받아
시행함.

착공 4개월 만에 23명이
사망하고 41명이 중상을
입은 것으로 알려짐. 이
들 사망자를 위한 위령탑
을 노동자들이 십시일반
으로 모아 영선고개에 세
웠다고 전해지나 지금은
사라지고 없음.

야마모토 우타로[69]라는 기술자가 등장한다. 가동교可動橋 특허 보유자로 미국에서 공부한 토목공학자다. 그는 도개교°를 제안한다. 그의 구상과 설계를 보고 처음에는 많은 사람이 의아해했다. 야마모토는 부의원을 설득하는 데에 많은 공을 들이는데, 모형을 만들어 의원들 앞에서 시현까지 한다. 이런 노력으로 최종적으로 도개교(안)가 선정된다.°°

공사는 1932년 4월에 착공하는데,°°° 빈민 구제를 명분으로 내세운다. 노동자의 일당은 55전이었다. 당시 쌀 한 되가 15전이었으니 일당으로 한 가족 연명도 버거웠다. 임금이 너무 낮아 나중에는 노동자 구하는 게 수월치 않을 정도였다. 그만큼 피식민지 노동자에 대한 착취가 만연했다. 부산과 영도해협은 600여 미터로 많은 공사비 소요가 예상되었다. 이에 거리를 줄이려고 양쪽에서 매립을 진행했는데, 용미산을 허물어 부산 쪽 해안을 덮고, 봉래산 자락을 깎아 영도 쪽에 쌓았다. 매립 길이만 400여 미터였다. 이 과정에서 많은 노동자가 산사태로 목숨을 잃는다.°°°° 용미산을 깎아낸 자리에는 부산부청을 짓는다. 다리는 2년 반 뒤인 1934년 11월 23일에 개통한다. 일제는 이를 동양 최대이며, 일본 토목공학과 과학기술의 쾌거로 대대적으로 선전하고 자랑한다. 1936년 부산관광협회가 발행한 선전 자료를 보자.

대교통을 지나 중앙도매시장으로 간다. 이 도로는 1932년부터 1934년까지 360만 원을 들여 실시한 소위 간선도로공사

수탈의 상징이었던 연륙교 영도대교의 옛 모습.

한 기업의 기부로 영도대교는 2013년 6차선으로 확장된 도개교로 복원되었다.

의 일부로 전면의 마키노시마(영도)를 잇는 도진교渡津橋로 통하는 큰 도로다. … 부산 명물 아니 조선 명물인 부산대교다. 70만 4800원의 거액을 투입한 도진교로 전장 214.63미터, 폭 18미터로 이대로는 50톤 이하의 기선밖에 다리 밑을 통과할 수 없기 때문에 남쪽의 한 횡목 31.30미터를 도상교跳上橋로 하여 매일 아침 6시부터 저녁 7시까지 7회, 1회당 15분간 공중으로 들어 올린다. 이렇게 하여 1000톤 기선이 항행할 수 있게 되었다.[70]

1935년 2월에는 전차선로°까지 놓이면서 영도에도 전차가 다니게 되었다.

° 전차선로는 1968년 모두 철거됨.

재회의 희망과 탄식으로 부르는 굳세어라 금순아!

해방과 분단은 우리 민족의 뼈아픈 상처다. 여기에 한국전쟁은 비극이다. 전쟁은 수많은 희생과 동시에 이산離散의 아픔을 가져왔다. 부산은 그나마 전화戰禍를 피해간다. 부산으로 피난 온 사람들은 산자락과 다리 주변에 가건물을 짓고 터전[71]으로 삼는다. 삶은 무척 열악했다. 영도다리 주변에도 1000여 호의 난민촌이 형성되었는데, 삶의 끝자락에 다다른 사람들이 다리에서 몸을 던지곤 했다. 전쟁으로 헤어진 가족들은 "살아서 꼭 영도다리에서 만나자"는 약속을 주고받았다. 약속은 끊긴 곳을 잇는 다리 본연의 모습과 썩 어울린다. 이산의 아픔을 겪은 수많은 사람이 재회의 희망과 기대를 안고 영도다리를 찾았지만 쉬 만날 수는 없었다. 이들은 아픔으로 탄식하면서 재회의 희망을 점쟁이에게 묻고 의지했다. 이런 연유로 다리 주변에는 한때 80여 곳 점집이 성황을 이루기도 했다.

다리는 1966년을 끝으로 도개 기능을 멈춘다. 2000년 대 들어 철거와 보존을 놓고 부산 여론은 둘로 갈린다. 생각의 차이는 첨예한 대립으로 이어진다. 다리를 두고 계속된 철거와 보존의 대립은 경제적 가치와 문화적 가치의 대립[72] 양상으로 치달았다. 수탈의 상징이었던 기억과 전쟁이 가져온 동족상잔의 비극을 잊지 않고자 하는 '아픔의 대립'이었다. 결국 다리는 과거 부산부청° 부지를 사들인 한 기업의 기부로 2013년 6차선으로 확장된 도개교로 복원(?)되어 오늘에 이르고 있다.

1936년 용미산을 깎아 낸 자리에 들어선 부산시 청사가 1998년 연산동으로 이전한 뒤 부지를 매각함.

분단의
상흔을
오롯이
품은
철원 승일교

잉글랜드의 샐럽 주에 있는 산업혁명을 상징하는 공업 유적지. 이곳 세번 강에 1779년 세계 최초로 만들어진 쇠로 만든 아치교. 1986년 이 지역 일대가 유네스코 세계문화유산으로 지정됨.

산업혁명으로 쇠와 콘크리트라는 혁신적 재료가 등장하면서 새로운 모양의 아치가 생겨난다. 산업혁명의 본고장인 영국이 시작이다. 18세기 후반, 주철로 만든 아치교인 '아이언브리지The Iron bridge'가 협곡에 놓이자 사람들은 깜짝 놀란다. 쇠로 만든 다리의 등장으로 이제 넓고 깊은 협곡을 건널 수 있게 된 것이다. 멀리 돌아가던 길이 짧은 거리로 이어지기 시작했다. 쇠를 이리저리 짜 맞춰 만든 다리는 모습도 미려했다. 멋들어진 아치교의 탄생이다.

그전까지 아치는 몸체에 돌이나 흙을 채워 넣고 그 위를 지나는 상로上路 충복식充腹式이 주류였다. 그러나 쇠나 콘크리트로 만든 아치는 틀Rib 위에 무언가를 채워 넣지 않아도

되었다. 틀 자체가 하중을 견뎌내는 힘을 갖기 때문이다. 뼈대만 세워 지탱하는 '개복식開腹式 아치'°다. 모양도 원형 아치에 더해 타원형과 포물선, 쌍곡선 등 다양한 형태가 구현된다. 쇠와 콘크리트가 가진 강도와 연성 덕에 경간은 길어지고, 길어진 경간만큼 아치교 자체 사하중死荷重°°을 줄이는 방법으로 개복식은 더욱 발전한다.

한탄강을 건너는 세 아치교

철원 한탄강에는 세 아치교가 나란히 한곳에 서 있다. 철원 명소인 고석정 인근이다. 하나는 승일교昇日橋, 나머지 둘은 상·하행선으로 나뉜 한탄대교로 동송읍과 갈말읍을 잇는 지방도 463호선이다. 승일교와 한탄대교 하행선은 철근콘크리트로 지은 상로식 역 로제아치°°°이고, 한탄대교 상행선은 강재鋼材로 지은 중로식 2힌지 로제아치다.

한탄대교 상행선 중로식 강재 아치는 길이 166.8미터, 폭 9.5미터로 1999년에 지방도 선형을 개선하면서, 하행선 상로식 철근콘크리트 아치는 길이 166.8미터, 폭 12미터로 2015년(2019년 준공)에 지방도를 4차선으로 확장하면서 건설되었다. 두 다리 길이가 같은 것은 한탄강의 특이한 형성 과정과 지형 때문이다.

한탄강은 용암과 물 그리고 시간이 빚어낸 절벽으로 이뤄진 강이다. 화산활동이 일어난 지역에서 볼 수 있는 수많은 지질학적 형상을 모두 가지고 있다. 한탄강은 '은하수처

°
아치 틀 위에 기둥을 세워 도로 하중을 감당하는 상로上路 개복아치, 역으로 아치에 수직 현수재를 매달아 보강형을 거치하는 중로中路·하로下路 개복아치교 등이 있음.

°°
구조물 자체의 중량과 부가적으로 고정되어 있는 물체의 하중.

°°°

다시, 오래된 다리를 거닐다

럼 큰 여울'을 한자로 바꿔 부른 이름이다. 은하수는 漢(은하수 한) 자를, 큰 여울은 灘(여울 탄) 자를 썼다. 혹자는 궁예가 태봉泰封이라는 나라를 세웠으나 왕건에게 빼앗긴 한이 서렸다 해서, 또는 남북 분단을 탄식하는 상징으로 '恨歎(한탄)'이라 부르기도 한다.

통한의 민족 분단

1948년, 시차를 두고 남과 북에 서로 다른 정부가 수립되면서 우리 민족은 둘로 나뉜다. 1945년 2월 4일부터 11일까지 열린 '얄타회담'에서 일본이 패망했을 때 한반도를 어떻게 관리할지를 놓고 논의한다. 소련은 이 회담에서 사할린과 쿠릴열도 획득은 물론 러일전쟁 이전 러시아가 만주 일대에서 장악하고 있던 경제·군사적 이권까지 되찾는 성과를 얻는다. 짧은 기간 대對일본전에 참전한 대가였다. 이 대가에 대한 협약은 회담에서 비밀리에 체결된다.

얄타회담 직후 유럽에서는 소련이 점령한 폴란드에 공산화(1945년 3월)가 진행된다. 이를 목도한 미국은 다급해진다. 1945년 8월 8일, 대일 선전포고와 함께 소련이 참전하고, 만주와 한반도 북부에서 긴박한 전황이 이어지자 미국은 소련의 남하를 제지할 방안 찾기에 몰두한다. 그 결과 그어진 선이 바로 북위 38도선이다. 38선을 획정한 것은 미국 3부(국무부·육군부·해군부)의 논의 과정이라 알려져 있다. 그해 8월 10일, 일본이 포츠담선언을 수용하고 항복한다는 의사를 밝히자 일본군의 무장 해제를 위해 38선 북쪽은 소련이, 남쪽은 미국이 맡기로 한다.

1945년 9월 2일, 일본은 항복문서에 서명하고, 한반도는 38선을 경계로 양측 군대에게 각각 접수된다. 곧이어 남쪽에는 '미군정청'이, 북쪽에는 '인민위원회'가 들어선다. 모스코바 삼상회의와 여러 번의 미소공동위원회가 결렬되면서 한반도에서는 좌우익의 대립이 극한으로 치닫는다. 미국과 소련은 제2차 세계대전 후 패권을 놓고 다투는데 그 대리 전장이 한반도였다. 냉전의 서막이다. 전범국가가 아닌 피해국이 당한 억울함이다.

북한이 먼저 공사를 시작한 승일교

한국전쟁 전까지 철원은 38선 북쪽에 있어 조선민주주의인민공화국에 속한 땅이었다. 당시 북한 정권은 한탄강을 건너는 다리를 구상하는데, 철원농업전문학교 토목과장으로 일하던 김명여를 설계 책임자로 임명하고 1948년 8월, 한탄교漢灘橋라는 이름으로 공사를 시작한다. 공사는 지금의 동송읍 장흥리와 갈말읍 대내리·문혜리를 연결하는 구간이다. 지역 주민들도 동원되는데, 성인 남성은 매월 20일 이상 공사에 참여해야 했다. 사회주의식 동원 체제다.

다리는 동송읍 쪽 교대와 교대에서 10미터 폭의 제외지 통로 역할을 하는 교각이 먼저 완성된다. 그 상부에는 말굽 모양 아치를 달았다. 또 한탄강 한가운데에 교각을 세우고 동송읍 방향에서 철근콘크리트로 상로식 2열의 긴 역 로제아치를 만들어갔다. 이렇게 한탄강 중간까지 완성된다.

이 구간에는 2열 아치 위 양쪽으로 상판을 떠받치는 기둥을 7개씩 세워 각 8칸의 작은 모양 아치 형하桁下를 만들었다. 한 쌍의 로제아치는 수평재를 걸어 이어 붙였다. 큰 아치 위에 좁고 길쭉한 아치가 올라간 형상이다. 다소 촘촘하지만 앙증맞다. 그러나 이즈음 한국전쟁이 터지면서 공사는 중단된다. 철원은 김화, 평강과 더불어 '철의 삼각지대'라 불리는 곳이었다. 피아간에 치열한 전투가 벌어져 수많은 젊은 이와 민간인의 무덤이 되었다.

모양을 달리해 남한이 완성한 다리

전쟁 와중이던 1952년 미 79공병대가 갈말읍 쪽 교대와 교각을 완성하고 방치한다. 1953년 7월, 전쟁을 멈추고 휴전협정이 체결되면서 철원은 주인이 바뀌어 대한민국 땅이 되었다. 다리 나머지 부분의 공사는 1958년 5월, 우리 군이 시작한다. 62공병대가 그해 12월 나머지 아치와 제외지 통로 역할을 하는 말굽아치를 완성시킨다.

공병대가 완성한 상로식 2열 역 로제아치는 각각의 아치 위 양쪽에 상판을 떠받치는 기둥 3개씩을 세워, 각 4칸의 말굽 모양 아치 형하를 취했다. 역시 아치 위에 좁고 긴 아치가 서 있는 모양이지만 북한이 만든 것과는 확연히 다르다. 둘은 닮았으나 다른, 이질적 느낌을 강하게 풍긴다. 그 다름

북한이 시작해 남한이 완성한 승일교. 좌우 상부 아치의 모양이 다르다.

은 마치 분단의 상징이나 전쟁 상흔처럼 보인다. 낙인 아닌 낙인이 되어버렸다.

승일교는 길이 120미터에 높이 35미터, 폭 8미터 다리다. 역 로제아치교지만 상판으로 거더를 따로 올린 방식은 아니다. 라멘교°처럼 아치와 현수기둥, 상판을 일체화했다. 이 방식은 구소련에서 차용한 공법으로 알려져 있다.[73] 공사 사진을 보면 이를 확연하게 알 수 있다. 시공 방법은 형하에 아치형 지보공을 만들고 그 위에 철근콘크리트를 타설한 지보공 공법이었다. 이 역시 옛 사진에서 확인할 수 있다.

이 다리 '승일'이라는 이름은 참으로 많은 사연과 주장, 해석을 낳고 있다. 이곳 사람들 사이에서 구전되는 말은 몇 개가 있는데, 그중 하나는 '김일성이 시작했다 해서 金日成(김일성)의 日(일)과 이승만이 완성했다 해서 李承晩(이승만)의 承(승)을 합해 승일교承日橋라 부른다'는 설이고, 다른 하나는 '김일성을 이겨야 한다'는 의미에서 승일교勝日橋라 부른다는 설이다. 여러 구구한 논란에도 무엇보다 정설로 굳어진 것은 한국전쟁에서 전과를 세우고 납북되어 행방이 묘연해진 박승일朴昇日 대령을 기리는 뜻에서 승일교昇日橋[74]라 이름 지었다는 것이다. 다리에 붙는 이름이 그토록 중요한지는 잘 판단이 서지 않는다. 승일교가 남북 합작품이며 분단과 전쟁이라는 비극을 온몸으로 간직하고 있다는 점만은 변하지 않는 사실이다.

°
골조를 의미하는 독일어 Rahmen에서 차용. 거더교의 변형으로 거더와 교각이 일체화한 구조체로 강결剛結 구조라는 특징이 있음. 상부 구조와 하부 구조의 구분 없이 하나로된 구조물.

찢긴 땅 철원

철원은 궁예의 고장이기도 하다. 궁예는 태봉이라는 나라를 세워 도읍을 개성에서 철원으로 옮긴다. 궁예가 세운 태봉국 도읍지가 철원읍 홍원리 비무장지대 안에 있다. 한탄 강 지류인 대교천 상류다. 군사분계선이 옛 궁성 한가운데를 동서로 지난다. 일제는 경원선 철도를 만들면서 이 궁성 남북을 질러 가른다. 옛 궁성은 사방으로 갈기갈기 찢긴다. 전쟁 전에 발굴된 국보급 석탑이 전쟁과 함께 사라지기도 했다.

한반도 배꼽이라 부르는 철원은 드넓은 평야를 낀 내륙의 너른 분지다. 물산이 풍부해 한 나라의 도읍으로 손색이 없었다. 그러나 철원은 분단의 상징이 되었다. 땅 한가운데를 동서로 잘라 남북으로 갈라 세웠다. 전쟁 후 철원 땅의 약 40퍼센트가 북한에 속하게 된다. 한반도의 분단과 전쟁의 상흔이 고스란히 남아 있는 땅이다. 북한에서 발원해 남으로 흐르는 한탄강은 파주 전곡에서 임진강과 합류한다. 북한에서부터 강화 바다까지 유유히 흐르는 강물이다. 흐르는 강물은 절대 나뉘지 않는다.

승일교는 곱게 늙어 세련된 품위와 고즈넉한 멋을 한껏 뽐내는 중후한 노신사 같은 다리다. 그러나 찡그린 얼굴이다. 다리에는 갈라섬의 아픔과 차이가 고스란히 배어 있다. 두 얼굴로 나뉜 민족의 아픔이 절절하게 읽힌다. 그 시대를 살아낸 우리네 할아버지를 생각게 하는 다리다. 그 옆에 할아버지를 닮은 듯 다른 매무새의 한탄대교가 쌍으로 서 있

다시, 오래된 다리를 거닐다

승일교 옆에 마치 때때옷 입은 손자처럼 한탄대교가 쌍으로 서 있다.

다. 마치 철부지 손자가 때때옷을 입고 뽐내는 모양새다. 찡그린 승일교가 웃는 낯빛으로 변해 이제는 평화와 통일의 상징이 되었으면 좋겠다. 과연 우리는 남북을 잇는 어떤 다리를 만들어낼 수 있을까?

다시, 오래된 다리를 거닐다

노량해전
자리에
부끄럽게
놓인
남해대교

이 다리를 보면 안타까운 마음과 함께 어느 문구가 떠오른다.

(차라리) 하지 않는 편을 택하겠습니다I would prefer not to.

허먼 멜빌의 소설《필경사 바틀비Bartleby, the Scrivener》에 나오는 문구로, 소극적 저항을 통한 주체성과 자유의지를 확인하는 의미다. 붉은 옷을 입은 다리, 이 다리를 보면 '당시 꼭 그렇게 해야만 했을까?' 하는 자문과 자괴감이 든다. 냉혹한 국제질서 속에서 우리 주체성과 자유의지를 무엇으로 담보해낼지 충분히 고민하지 않고 저지른 어리석은 행위였다는 생각 때문이다. 노량해협을 건너는 남해대교 이야기다.

　　우리나라 최초 현수교°는 1973년 5월, 춘천에 만들어진 등선교登仙橋다. 차량 통행을 위한 다리가 아닌 관광용 다리였는데 지금은 철거되고 없다. 그다음이 남해대교다. 1968년 5월 10일 착공해 1973년 6월 20일 완공된 이 다리는 3경간 2힌지로, 총 길이 660미터다. 남해군과 하동군에 각각 위치한 '노량리'를 연결하는 다리다. 준공 당시 세계에서 20번째로 긴 교량이었으며 아시아에서는 최대 규모의 현수교였다. 다리는 완공되자마자 남해안을 대표하는 랜드마크로 자리매김한다. 이곳을 관광하는 사람들은 모두 이 다리를 배경으로 사진을 찍었다. 모양도 미국 샌프란시스코 금문교와 유사하다. 그 서측으로 제2의 남해대교라 부르는 노량대교가 2018년 현수교로 건설되었다.

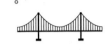

　　이웃한 광양만에는 이순신대교가 있다. 묘도에서 광양을 잇는, 바다를 가로지르는 현수교로 우리나라 최대 규모(주경간 1545미터,°° 총 길이 2.26킬로미터)다. 여수와 광양을 연결하는 해상 교량 중 한 구간이다.

°° 이순신 장군이 태어난 때인 1545년을 상징함.

　　이런 이유로 두 다리 모두 유명해졌다. 다리가 위치한 노량과 광양만은 이순신 장군을 빼놓고서는 이야기가 성립되지 않는 곳이다. 정유재란 최후 격전지로 임진왜란부터 계속된 7년 전쟁을 끝낸 바다이기 때문이다. 순천 예교성전투와 노량(관음포)해전이다. 안타까운 것은 주요 격전지인 예교성과 장도獐島가 매립된 산업단지에 갇혀 매연에 시달리고 있다는 점이다. 노량 바다에 들어선 남해대교 건설 과정은 더 부끄럽다. 역사 유적을 대하는 우리 인식의 적나라한 현주소를 여실히 보여준다.

정유재란 최후의 전투

정유년(1597년) 9월, 이순신은 명량에서 왜적을 격살한다. 왜군은 전술을 바꿔 점령정책의 일환으로 순천에서부터 울산에 이르기까지 왜성을 쌓아 둔취한다. 고니시 유키나가가 쌓은 순천 왜성은 철옹성이었다. 5층 천수각과 각진 내·외성을 몇 겹으로 둘렀는데, 성안 왜군은 1만 3000명이었다. 배는 500여 척이었고 군량은 1년을 버틸 만했다. 탄약과 총포도 부지기수였다.

조선 수군은 1598년 2월 고금도로 통제영을 옮긴다. 고니시를 잡기 위해서다. 조명연합군은 7월 사로병진四路竝進 작전을 세운다. 울산의 가토 기요마사를 공격할 동로군東路軍, 사천의 시마즈 요시히로를 공격할 중로군中路軍, 순천으로 진군하는 서로군西路軍과 진린이 이끄는 수로군水路軍은 이순신과 합동 작전을 벌인다. 그 사이 이순신은 절이도해전에서 큰 전과를 올린다.

9월 18일, 도요토미 히데요시가 후시미성에서 죽는다. 유언에 따라 철군이 결정된다. 명나라는 이 사실을 알게 된다. 전쟁을 계속할 이유가 없다. 군사 3만 6000명을 지휘하는 서로군 총사령관 유정도 싸울 마음이 없다. 고니시와 강화하려는 그는 순천에 도착해 검단산성을 군영으로 삼는다. 권율 장군과 우의정 이항복이 애를 써보지만 속수무책이다. 이순신과 진린은 수차례 순천 왜성을 공격하지만 육군의 협력이 없어 큰 소득을 얻지 못한다.

10월부터 고니시가 유정에게 철군할 바닷길을 열어달라며 뇌물로 회유한다. 유정은 이미 뇌물에 녹아났다. 광양만 바다를 장악한 수군도 회유한다. 얼마 지나지 않아 진린도 뇌물에 넘어간다. 11월 14일, 진린이 왜 통신선 한 척을 남해 왜성 쪽으로 통과시킨다. 고니시가 순천 왜성에 고립되어 있다는 소식이 전해진 것이다. 구원군이 올 것이 분명했다. 왜적을 좌우에서 맞을 순 없다고 판단한 이순신은 노량 바다에서 구원군을 격퇴하고 고니시의 퇴로를 차단하려 한다. 불가피한 조치였다.

11월 18일, 이순신이 출진을 결정짓자 진린도 마지못해 따른다. 조선 수군은 남해섬 관음포에, 진린은 곤양 죽도(지금의 하동군 금남면 대도리)에 닻을 내린다. 조명연합군은 군선 470척에 군사 1만 5000명이었다. 왜군은 시마즈 요시히로를 총대장으로 고성의 다치바라 무네토라, 부산의 테라자와 마사시게, 고니시의 사위인 남해의 소 요시토시가 이끄는 500척 병선에 1만 병력이었다.

19일 새벽, 짙은 어둠 속에서 적선이 나타난다. 적이 광양만 쪽으로 들어오자 조명연합군이 각종 포를 무지막지하게 쏘아댄다. 북서풍을 이용해 총통과 불섶, 불화살로 화공

다시, 오래된 다리를 거닐다

火攻을 편다. 적이 관음포로 물러나자 도망치는 적선에도 수없이 불화살을 쏜다. 불길이 밤하늘을 밝혀 관음포가 대낮같이 밝았다. 적선 100여 척이 관음포를 빠져나와 전라좌수영과 남해섬 사이로 도망치려 하자 이순신이 추격한다. 절반쯤 불태우고 부수었을 때 이순신 왼쪽 가슴이 뜨끔하다. 군관들에게 "전투가 끝나기 전까지 내 죽음을 알리지 말라" 이른다.

굴욕적인 한일협정과 청구권자금

1960년대 중반, 미국은 박정희 쿠데타 세력에게 일본과 관계 개선을 요구한다. 소련과 중국을 견제하려는 그네들의 동아시아 전략의 일환이었다. 한일협정이 미국의 배후 조종에 놀아났다는 합리적 의심이 드는 대목이다. 1965년 쿠데타 세력은 이에 기꺼이 응한다. 결과는 '한일협정' 체결이었다. 50여 년(1895~1945년)간 당해온 수탈과 모욕, 빼앗긴 민족정기를 헐값에 흥정하고 만 것이다.

국내에서는 계엄령을 동원해 반대하는 시민들을 겁박한다. 2004년 민족문제연구소가 발굴해 공개한 미국 정보부CIA 기밀문서(1966년 3월 18일자 보고서)에는 "박정희는 1961~1965년까지 일본 6개 기업으로부터 정치자금 6600만 달러를 받은" 것으로 기록되어 있다. 한일협정은 이런 추한 이면을 배경으로 체결된다.

일본은 불법적 식민지 찬탈과 수탈을 공식적으로 인

정하거나 사과하지도, 그에 상응하는 어떤 배상이나 보상도 치르려 하지 않았다. 아니, 처음부터 그럴 생각조차 없었다. 남북이 분단된 상태이고 보상에 대한 관련 국제협약에 유효한 조항이 마련되어 있지 않다는 핑계를 댄다. 싸구려 '청구권자금'을 주는 선에서 매듭지으려 한다. 3억 달러의 무상 자금(일본 생산물과 일본인 용역을 협정 체결일로부터 10년에 걸쳐 무상 제공)과 2억 달러의 장기 차관(산업시설과 기계류 등을 공공차관으로 연리 3.5퍼센트. 7년 거치 13년 분할 상환), 3억 달러 이상의 상업 차관(어업 협력자금 9000만 달러와 선박 도입자금 3000만 달러 포함)을 공여하는 수준에서 일을 마무리하려 한 것이다.[75]

이 자금의 활용마저 일본 전범 기업들이 우리를 기술과 자본으로 얽어매는 장치로 작동한다. 이런 종속은 모든 산업 부문에서 전방위적으로 일어났다. 수십 년간 이어진 한일 무역 불균형과 기술 종속의 시발점이다. 한일협정의 후과後果는 지금도 강제징용과 위안부 문제, 근로정신대 문제에서 걸림돌로 작동하고 있다. 근본적으로는 역사를 왜곡하는 일본의 뻔뻔한 태도가 문제지만, 형식적으로는 잘못 체결된 협정도 큰 몫을 한다. 한일 간 아픈 역사가 해결되지 못하도록 막아서는 도구로 쓰이고 있는 것이다. 그런 면에서 한일협정은 굴욕적 흥정이나 마찬가지였다. 총칼로 나라를 훔친 떳떳지 못한 자들이 저지른 폭거였고, 뼛속까지 일본 천황의 신하이고자 했던 박정희, 다카키 마사오高木正雄°의 격에 맞는 행위였다.

° 박정희가 창씨개명한 이름. 그는 만주국육군군관학교에 입학하기 위해 혈서를 쓰기도 함.

노량해전 격전지에 놓일 다리를 일본 기술로

어업이 발달하고 경제 규모가 커질수록 남해 섬의 애로사항도 점차 늘어난다. 노량을 흐르는 거센 물살이 육지와의 물류 이동을 방해한 것이다. 해상 교량 건설을 전제로 타당성 조사가 이뤄진다. 일본 조사단과 공동으로 조사를 실시한 뒤 교량 형식은 현수교로 잠정 결정한다. 1966년 남해대교 타당성 조사에는 일본 기술진이 깊숙이 개입한다. 이는 현수교 주요 부재와 원천기술을 대일청구권자금의 일환으로 일본 기업이 제공하는 것으로 예정되어 있었기 때문이다. 그들은 지형, 지질, 수심, 조류 움직임 등 자연 여건을 감안해 초장대교량이 경제적 타당성을 갖는다고 재확인한다. 원천기술을 제공할 전범 기업의 이해관계가 반영되었을 개연성이 매우 높다. 이를 근거로 우리 기업이 설계한 주탑 위치와 다리 경간 등 설계 주요 내용이 변경되기에 이른다.

실시설계는 착공 6개월 뒤인 1968년 11월에 완료된다. 남해대교 설계 역시 일본 기업이 개입한다. 이들은 경간 400미터가 넘는 현수교를 제시한다. 당시 아시아 최대 현수교는 경간 367미터의 일본 와카토대교였다. 이들이 설계 실적을 쌓기 위해 남해대교를 연습용으로 이용한 것이 아닌가 하는 의심이 든다. 그들은 남해대교를 바탕으로 경간 712미터의 간몬교를 1973년 11월 개통한다.

1973년 준공 당시 아시아 최대 규모 현수교였던 남해대교.

2018년 남해대교 옆에 나란히 지어진 세계 최초의 경사 주탑 현수교 노량대교.

남해대교 핵심 부재는 일본 청구권자금으로

급기야 굴욕적으로 얻어 온 청구권자금으로 남해대교가 건설된다. 현수교에서 가장 중요한 부재는 모두 일본 제품이었다. 총 사업비 17억 5900만 원 중 7억 6400만 원(218만 6000달러)에 해당하는 현물이다. 일본 전범 기업인 신일본제철과 교량 건설에 특화된 이시가와중공업(IHI의 전신)에서 만든 자재들이다. 이들 자재는 1970년 8월부터 준공 때까지 공정에 따라 순차적으로 공급된다.[76] 강재 주탑(430.76M/T °)과 주케이블(504.838M/T), 보강형(1848M/T)과 앵커리지(452.162M/T)를 포함해 주탑의 붉은 도장 페인트(11.593M/T)는 물론이고, 주케이블 가설을 위한 임시 시설인 캣워크Cat-Walk 로프(37.7M/T)까지 일본 것이었다. 총 사업비의 43.43퍼센트에 해당하는 현물이다.[77] 그뿐이 아니다. 공사에 필요한 250톤급 해상 기중기와 1200마력의 예인선을 포함한 장비 19종도 일본 것을 빌려 썼다. 우리가 자체 조달한 재료와 부재는 시멘트와 보조 철강재뿐이었다. 일본 기술과 자재를 빌려 우리는 사실상 다리를 조립만 한 셈이다.

그나마 우리 기업이 시공을 맡은 것을 다행이라 여겨야 할까? 남해대교를 시작으로 우리 초장대교량 기술이 일취월장한 것은 주지의 사실이다. 국내 교량 기술은 이때부터 비약적으로 발전한다. 지금 세계 유수의 장소에서 유려한 초장대교량 기술을 뽐내고 있는 바탕에는 분명 남해대교가 있었다.

°
Metric Ton. 중량 단위로 1000킬로그램을 1톤으로 하는 것을 말함.

다시, 오래된 다리를 거닐다

그럼에도 꼭 묻고 싶은 말은 있다. 남해대교가 놓인 곳은 임진왜란과 정유재란 7년 전쟁이 마무리된 유서 깊은 곳이다. 이순신 장군이 최후를 맞이한 곳이기도 하다. 섬을 육지와 잇는다는 점에서 다리 건설은 의미 있는 일이지만, 기술은 물론 식민지 피해보상으로 받은 돈과 자재까지 써가면서 꼭 그곳에 건설해야 했을까. (차라리 아무것도) 하지 않는 편을 택할 수는 없었을까? 그것이 우리 주체성과 자유의지를 찾는 길은 아니었을까? 노량해협을 흐르는 맑은 바다는 무어라 말할까? 나라를 지키기 위해 바다에 원혼을 묻은 수많은 조선 수군은 도대체 어떤 심정일까?

무너져내린
한강의
기적
성수대교

영화나 드라마에서 1970~1980년대 '공사 입찰' 광경
을 한 번쯤 보았을 것이다. 조직폭력배를 동원해 출입구를
막는다거나, 냉장고에 넣어둔 차가운 탁구공을 꺼낸다거나,
미리 약속된 표시 봉투로 특정 업체에 공사를 밀어주는 모습
들이다. 하지만 이는 매우 순진한 방법에 불과하다. 현실의
건설시장에서는 상상을 초월하는 담합 기제가 작동하고 있
었기 때문이다.

1970년대 공공 공사 입찰제도는 '최저가 낙찰제'였다.
발주처에서 공고한 예정 가격° 대비 가장 낮은 금액을 제시
한 업체가 공사를 낙찰받는 식이다. 그런데 대형 건설사들은
짬짜미로 공공기관 발주예정공사에 공종별로 미리 '낙찰 순

관청이 발주하는 공사에
입찰할 때 발주 관청이 작
성해 제시하는 가격.

번'°을 정해놓았다. 공사가 발주되면 순번이 된 건설사가 짬짜미를 동원해 낙찰받는 것이다. 들러리 서는 다른 회사와 입찰 금액을 사전에 합의하는데, 짐작건대 이 과정에서 발주처에 엄청난 금품이 제공되었을 것이다. 금품은 정기적·비정기적(낙찰 시점)이었을 개연성이 높다. 이는 건설사와 발주처 사이의 암묵적 관행이었으며, 악어와 악어새처럼 서로의 안위를 보장하는 장치였다. 이런 방식으로 공사를 수주하는 일은 땅 짚고 헤엄치는 행위에 다름 아니다.

이렇게 낙찰받은 공사는 시공 과정에서 엄청난 모습으로 변신에 변신을 거듭한다. 이른바 '설계 변경'°°을 악용한다. 관계 법령이나 지침에 명기된 사항 이외의 항목들을 창조적으로 발굴해 설계를 변경하는 것인데, 이는 곧바로 공사비 증가로 이어진다. 국민이 낸 세금을 갉아먹는 행위나 마찬가지다. 통상적 '물가상승률과 물량 변동 폭'을 훨씬 뛰어넘는 금액이 증액되어온 게 과거 실태다. 이는 발주처 담당 공무원과 현장 책임자 사이에 용인과 묵인이 있지 않으면 절대 이뤄질 수 없는 일이다.

그저 예쁘게 만들어 최고 권력자 눈에 들어야

성수대교는 길이 1.6킬로미터에 폭 19.4미터인 4차선 교량이다. 설계하중 32.4톤으로 사실상 대형 트럭이 통행하기에는 애초부터 취약하게 만들어진 다리다. 1977년 4월 15일 착공해 2년 6개월 만인 1979년 10월 16일 준공한다. 사망

°
도로, 교량, 항만, 공항 등 대형 공공 공사에 대해 입찰 참가 자격을 갖춘 건설사끼리 미리 담합해 순번을 정해놓고, 공사가 발주되는 차례로 공사를 낙찰받던 일종의 불법 행위.

°°
이미 확정된 설계에 대한 부분적인 변경. 발주자 또는 도급인이 제시하며 상호 합의한 도급계약 내용과 현장 여건의 변화로 새롭게 추가되는 공사 내용, 공사 착수시기, 급격한 물가 변동, 신공법 적용, 공사 준공시기 등 관련 법령에서 정한 사항의 변경이 필요한 경우 이뤄지는 '계약의 변경'.

하기 10일 전 박정희가 직접 준공 테이프를 끊고 다리 위를 걷기도 한다.

당시 한강 다리는 거의 형교(거더교)였다. 가장 경제적이면서 단순한 모양이다. 이에 서울시가 욕심을 부린다. 성수대교를 한강에서 가장 아름다운(?) 다리로 만들 기획을 한다. 도시 미관을 향상시킨다는 명목이다. 그렇게 우리나라 최초의 '게르버 트러스교Gerber Truss'가 탄생한다. 큰 힘을 받는 앵커 트러스를 양쪽에서 내밀어 그 위에 상대적으로 가볍고 긴 현수재인 '게르버 트러스'를 걸어 올리는 공법이다. 앵커 트러스가 양쪽에서 각 38미터, 게르버 트러스가 48미터로 당시로서는 상당히 긴 124미터 경간의 다리였다.

설계 과정에서는 터무니없는 일들이 벌어진다. 설계 기간이 무척 짧았는데 설계를 맡은 곳은 ㈜대한컨설탄트라는 엔지니어링 업체였다. 발주처인 서울시가 기본설계를 생략하고 곧바로 실시설계를 지시해 단 5개월 만에 설계를 준공한다. 시공 경험이 없으니 당연히 설계 경험도 일천했다. 국내 최초로 시공하는 공법을 이처럼 번갯불에 콩 볶듯 처리한 어리석음을 서울시가 저지른 것이다.

준공 기준으로 한남대교가 11억 3000만 원(1969년), 영동대교가 20억 6000만 원(1973년), 천호대교가 38억 4000만 원(1976년)이 소요되었는데, 이중 가장 금액이 큰 천호대교를 1976년 대비 1977년 소비자물가상승률 10.25퍼센트를 적용해 산정하면 42억 3300만 원이다. 반면 서울시가 산정한 성

우리나라 최초의 게르버 트러스교인 성수대교 건설 모습.

수대교 공사비(예정 가격)는 116억 400만 원이었다. 굉장히 큰 공사비가 성수대교에 책정되었다는 걸 알 수 있다. 형식은 다르지만 비슷한 규모에 비해 2.5배를 상회하는 액수였다.

저가 낙찰과 설계 변경

성수대교는 순번이 돌아온 동아건설이 낙찰받는다. 낙찰가는 예정 가격의 66.55퍼센트인 77억 2200만 원이었다. 구체적 정황을 확인할 수는 없지만 초대형 공공 공사인 성수대교를 놓고 경쟁이 벌어졌을 개연성이 높다. 순번이 정해진 그들만의 리그 안에서 누군가 배신했을 가능성도 읽힌다. 낙찰률이 그런 정황을 설명하는 증거다. 당시 공공 공사 낙찰률은 관행적으로 80퍼센트대 후반에서 90퍼센트대 초반이었다. 상납과 비자금을 위한 간접비Over Head Cost가 낙찰가에 포함되어야 하기 때문이다. 그래야 발주처 곳곳에 뇌물을 줄 수 있고 설계 변경은 물론 하청과 재하청, 재재하청까지 거치면서 비자금을 만들 수 있다. 하지만 성수대교는 큰 덩치 때문에 경쟁이 생긴 탓인지 낙찰률이 60퍼센트대 중반까지 떨어졌다.

낮은 낙찰률을 만회하고자 직원들이 불철주야 노력했을 것이다. 다름 아닌 '설계 변경'을 이뤄내기 위한, 발주처를 향한 로비다. 결국 설계 변경이 마술을 부리기 시작한다. 해당 연도 소비자물가상승률[78]을 적용해 1979년 10월 준공 공사비를 산정하면 106억 3000만 원이 나온다. 하지만 실제 준공정산 공사비는 115억 8000만 원으로 소규모 교량 하나를 더 가설할 수 있는 9억 5000만 원[79]이 증액된다. 건설사와 발주처 공무원 간 짬짜미가 부린 요술이다.

원래 예정 가격에 해당 기간 소비자물가상승률을 감안한 금액(159억 8000만 원) 대비 115억 8000만 원으로 낙찰률을 재산정하면 72.47퍼센트가 된다. 최초 낙찰률보다 약 6퍼센트가 상승한 수치다. 설계 변경은 가히 황금알을 낳는 도깨비방망이다. 물론 준공 공사비가 당초 서울시가 책정한 가격보다 낮아 완벽한 품질을 보장하기에는 한계가 있었다. 핵심은 낮은 낙찰률로 공사를 수주한 뒤 갖은 짬짜미를 동원해 터무니없이 공사비를 증액시킨 이면이 있다는 점이다. 공정 경쟁은 물론 시공 안전과 완성된 시설의 품질을 등한시할 수밖에 없는 구조적 문제가 있었다는 점을 지적하는 것이다.

'빨리빨리'가 능사이던 시대

이보다 더한 부분은 공사 기간이다. 서울시는 성수대교 공사 기간을 3년으로 예정해 발주한다. 하지만 동아건설은 이를 6개월이나 앞당겨 준공시킨다. 시공 경험도 없는 게르버 트러스교를 6개월이나 앞당겨 준공했다는 점은 무얼 의미할까? 뒷배를 봐주던 독재자의 죽음을 예상이라도 한 걸까? 명백히 비용을 빼곤 설명이 되지 않는다.

공사 원가는 공사 기간에 비례해 증감한다. 공기를 단축한 만큼 공사 원가(노무비와 경비)는 줄어든다. '빨리빨리'를

다시, 오래된 다리를 거닐다

이뤄내 독재자와 발주처 눈에 들어 선심을 얻는 것은 부가적 정성지수에 불과하다. 정량지수는 비용이다. 품질에 문제가 없고 제대로 된 설계도면대로 시공이 이뤄진다면 물론 무척 권장할 일이다. 국민 편익도 증가하고 기업의 이윤 창출에도 도움이 되기 때문이다. 하지만 공기 단축은 엄청난 기술 개발과 각고의 노력이 뒷받침되지 않는 한 쉽게 달성할 수 있는 영역이 아니다. 제대로 된 시공과 만족할 만한 품질을 확보하면서 발주처에서 제시한 공사 기간을 맞춰내기에도 버거운 것이 일반적인 건설공사 현장이다. 하물며 당시 인식이나 기술로서야….

무리한 공기 단축은 필연적으로 품질을 등한시하는 결과로 귀결되기 마련이다. 1970년대 말 건설현장 관행은 미루어 짐작할 만한 수준이다. 꼼꼼하게 따져 묻는 '시공책임감리'도 없고 형식적 감독마저 등한시하는, 오로지 '빨리빨리'와 '대충대충'이 능사인 '눈먼 자들의 시대'였다. 비속어로 '삽질'이 난무하는 곳이었다. 행여 투입되는 재료의 품질을 따져보았겠는가? 설계대로 정밀하게 시공되는지 꼼꼼하게 살폈겠는가? 시간이 금인 시대였다. 우리는 숨 막히게 헐떡이는 시절[80]을 살아낸 것이다.

공사현장에서 빨리빨리에 허덕이던 직원과 노동자들, 비지땀 흠뻑 젖은 해진 작업복으로 모진 비바람에 맨몸을 드러내며 살아내야 했던 치열한 공사현장…. 반면 칠공자 중한 명으로 지목받던 젊은 동아건설 사장, 말초신경만 지나치

성수대교는 1994년 10월 21일 게르버 트러스가 한강으로 낙하하면서 끊긴다.

게 발달한 졸부 2세와 그들을 추종하는 아류들이 만들어낸 이질적이고 퇴폐적인 은밀한 어느 공간…. 이런 상반된 삶이 공존하는 '극단의 시대'였다. 그것이 이른바 '한강의 기적'이라 부르며 칭송하는 그 시대의 내밀한 속살이다.

무너져내린 한강의 기적

1994년 10월 21일 아침 출근길. 7시 15분경 필자가 탄 버스가 성수대교를 건넌다. 그리고 불과 23분 뒤 사고가 일어난다. 무르익어가는 가을이 한창이고, 단풍을 재촉하는 비가 제법 맵차던 날이다. 사회관계망SNS이나 발달된 미디어가 없어 처참한 소식을 몇 시간 뒤에 알게 되었지만, 분명 우리를 되돌아보는 시선을 갖게 만든 사건이었다. '문민정부'라 불린 김영삼 정권에서 연달아 일어난 대형 참사를 알리는 시작이 된 사건이기도 했다.

우리는 '한강의 기적'이라 부르는, 어쩌면 우리가 억지로 지어내 자랑하곤 했던 '허상의 슬로건'에 취해 있었는지도 모른다. 한강의 기적은 서독으로 팔려가다시피 한 간호사와 광부들을 시작으로 굴욕적 한일협정, 젊은이들 피와 목숨을 판 베트남 파병, 그 속의 노동 그리고 서독과 미국의 원조로 축적된 자본을 기반으로 한다. 여기에 살인적 저곡가와 낮은 임금, 수탈적 노동과 인권유린, 총칼을 앞세운 폭압으로 민주주의를 말살시킨 자들이 지어낸 것이다. 한강의 기적은 알량한 터전 위에 세워진 '사상누각'과 다름없는 허상에 불과했다. 그 허상이 20년은커녕 15년도 견디지 못하고 무너져내린 것이다.

강고하던 아성이 무너진 자리에는 구겨지고 낡은 껍데기만 남는 법이다. 비리와 반칙, 몰염치와 인면수심이 함께 널브러진다. 당시 최고 권력자가 성욕으로 배설해낸, 쓰레기통에 버려진 쭈글쭈글한 피임기구를 보는 느낌이다. 그처럼 구토 치미는 세월을 길들여진 원숭이처럼 국민들은 30년을 살아냈다.

1990년대 한국은 너무나 안일했다. 켜켜이 쌓인 폐단과 폐습을 일거에 쓸어내지 못했다. 3당 합당이라는 슬픈 희극과 "우리가 남이가"라는 동류의식이 만들어낸 우스꽝스러운 비극이다. 극렬하게 저항(?)하던 타도 대상과 '동일시'한 결과다. 어쩌면 허상으로 가득 찬 한강의 기적 안에 스스로를 가두고 있었는지도 모른다. 1997년 몰아닥친 외환위기가 이 모든 것을 대변한다.

아직도 치유되지 못한 아픔

성수대교는 현수재인 게르버 트러스가 7시 38분 한강으로 낙하하면서 끊긴다. 원인은 부실시공과 관리 소홀로 밝혀진다. 게르버 트러스와 앵커 트러스를 연결하는 힌지 접합부 결함과 이를 관리하지 못했다는 진단이다. 부적절한 자재를 사용한 것과 비숙련공이 시공한 것도 원인으로 지목되었다. '빨리빨리'라는 조급함, 담합과 비리, 설계 변경으로 빼돌린 돈, 과연 이것들이 원인의 전부일까? 군사정권이 만들어 놓은 허상에 기생하려 한 의식이 첫째 원인은 아니었을까? 1990년대 한복판에서 우리는 민주주의를 너무 안일하게 바라봤다. 의식 기저에는 1970년대 최고 권력자의 비루함에 대한 동경이 있었는지도 모른다. 지금도 그런 부류들은 주변에 수두룩하다.

이 사고로 강남 8학군에 배속받지 못하고 강북으로 등하교해야 했던 여중·여고생을 포함해 32명이 목숨을 잃고 17명이 다친다. 꽃 같은 목숨들은 1970년대 부정과 비리가 저지른 폭거의 희생자들이다. 알량한 한강의 기적이 심어놓은 안일함과 대충대충이라는 의식이 빚어낸 참극이며, 토건국가가 빚어낸 살인이다.

빈번한 대형 사고와 무대책은 그 이후에도 계속되었다. 1995년에는 '삼풍백화점'이 무너진다. 이 백화점의 탄생과 몰락도 성수대교와 쌍둥이처럼 닮았다. 그 뒤 30여 년이 지났는데도 유사한 대형사고는 끊이지 않고 있다. 우리가 얼마나 얄팍하고 실체 없는 '한강의 기적' 위에 발을 딛고 서 있었는지 여실히 보여주는 증거다. 이른바 한강의 기적은 우리가 극복해내야 할 대상이지, 그 속에 안주하며 일상을 영위할 대상이 결코 아니다. 그리고 이를 극복하는 일은 친일파나 독재세력 청산과 마찬가지로 역사적 과제다.[81]

민주주의가 사회 전반에 널리 퍼져야 한다. 관례로 허용되던 것들이 성수대교를 대신해 무너져내려야 한다. 원칙이 사리 잡고 절차적 민주성이 강조되어야 한다. 우리는 지금 언제 무너질지 모를 허상의 다리를 매일 건너고 있는지도 모른다. 눈을 들어 또다른 성수대교는 없는지 세심하게 살피고 생각해볼 시간이다.

넓은 강이나 바다를 건너고자 하는 인간의 욕망은 언젠가부터 실현되기 시작한다. 짧게는 수백 미터에서 길게는 수십 킬로미터에 이르는 거리에 다리를 놓아 건널 수 있게 된 것이다. 이제 의지만 있다면 건너지 못할 강이나 바다는 없다고 봐도 무방하다.

이는 무엇보다 다리를 지탱하는 기초공법 발달에 기인한다. 수십 미터에 이르는 깊은 물속에 단단한 구조물을 마치 움직이지 않는 바위처럼 심을 수 있게 되었다. 물속 상황과 지형·지질에 따라 적용 가능한 공법도 발달한다. '우물통 Open caisson 기초°'가 대표적이지만 너무 깊은 물에서는 기술적 한계를 보인다. 뉴욕 브루클린교에서 맨 처음 시도된 '뉴매

° 철근콘크리트로 만든 단면이 원형, 장방형, 장원형인 통을 소정의 위치까지 가라앉힌 다음 통 안의 토사를 계속 파내 통이 암반에 닿으면 콘크리트를 타설해 구조물 기초로 삼는 공법.

틱 케이슨Pneumatic caisson 기초°'는 그 한계를 보완하면서 점차 일반화된다. 이 공법은 연속보로 이어지는 긴 해상 교량이나 사장교·현수교에 범용으로 쓰이고 있다.

　　진도대교는 사장교斜張橋°°다. 사장교 구성은 비교적 단출하다. 사하중死荷重(다리 자체 하중)과 활하중活荷重(다리를 이용하는 차량 등의 하중)을 늘어나는 힘으로 지탱하는 경사케이블, 경사케이블의 수평분력과 활하중에서 오는 휨 모멘트를 지탱하는 보강형補剛桁, 이 모든 하중을 한곳으로 모아 지지해내는 주탑主塔으로 구성된다.

°

하부에서 바닥 굴착이 가능한 넉넉한 공간이 있는 잠함潛函을 만들어 가라앉힌 뒤 하부에 수압보다 높은 공기압을 불어 넣어 물이 없는 작업 공간을 확보하는 공법.

°°

정통성 없는 쿠데타 세력에게 필요했던 다리

　　1979년 12월부터 신군부라 불리는 전두환 일당은 총칼로 나라를 도둑질한다. 그도 총 맞아 죽은 전임자와 같은 길을 걷는다. 악랄하고 비열했다. 특히 광주에서는 선량한 시민을, 그것도 나라를 지키라는 군대까지 동원해 죽인다. 무자비한 일방적 살육이었다. 1980년 '5.18광주민주화운동'이다. 당시에는 '광주사태'라 불렸다. 이런 일련의 폭압은 정권 정통성에 심각한 오점과 위협으로 작용한다. 전두환에게는 시민의 이목과 관심을 다른 곳으로 돌려세울 방안이 필요했다.

　　진정한 반성과 사과가 아니다. 머리 숙여 용서를 구하지도 않는다. 즉자적이고 단순한 행위를 선택한다. 1977년부터 시작된 '광주권 2단계 지역개발사업' 타당성 조사가 바탕이다. '호남지역 종합개발'이라는 이름으로 포장해 시민을 현혹하지만 여전히 한 손에는 총칼을 들고 다른 한 손으로 부릅뜬 시민들 눈 가리기에 분주했다. 그렇게 대규모 토목공사를 대대적으로 벌였다.

그 계획 중 하나가 여수(돌산대교)와 진도(진도대교)에 큰 다리 놓기다. 전두환 일당으로서는 획기적이라 여길 만한 사업이 필요했다. 따라서 그때까지 우리나라에 없는 형식의 다리여야 했다. 바로 사장교다. 그래야 뉴스와 언론의 재료가 되어 선전 도구로 사용할 수 있기 때문이다. 세계은행IBRD에서 구걸하다시피 차관을 끌어들인다. 돌산대교는 이내 승인이 나지만, 진도대교는 자꾸 보류된다. IBRD는 교통수요 부족과 우리 설계·시공 능력을 의심하지만 긴 설득과 양보로 승인이 이뤄진다. 결국 영국과 미국 기술진이 설계를 맡는다. 다리는 쌍둥이로 계획되었는데, 1978년 시작된 타당성 조사와 기본설계가 지지부진하기만 했다. 국내 정치 상황 때문이다. 그러다 전두환 세력이 집권한 1980년에 접어들어 실시설계가 급속하게 마무리된다.

판 돈 걸린 도박처럼 진행되는 공사

다리는 여수 시내와 돌산도, 진도와 화원반도를 각각 잇는다. 두 다리의 다른 점이라면 자연환경뿐이다. 여수에 짓는 다리는 내해의 잔잔한 바다 위를 가르고, 진도에 짓는 다리는 바닷물이 울어댄다는 '울돌목' 위를 지난다. 따라서 기초 작업에 현격한 차이가 생긴다. 여수는 해상에 뉴매틱 케

진도대교보다 두 달여 늦게 개통해 대한민국 제1호 사장교 칭호를 놓친 여수 돌산대교.

이슨 공법으로 기초작업을 해야 했고, 진도는 육상에 거치하는 방식으로 기초작업을 해야 했다. 공법 난이도에서는 돌산대교가 훨씬 불리했다.

두 다리는 1980년 12월 26일 동시 착공된다. 공사를 수주한 건설회사들은 정치·사회적으로 크게 주목받을 수 있는 절호의 기회를 놓치고 싶어하지 않았다. '대한민국 제1호 사장교'라는 칭호는 물론 강력한 독재 권력을 휘두르는 최고 권력자를 준공식에 초빙할 수 있는 자격을 얻기 때문이다. 권력에게 아부할 수 있는 절호의 기회였다. 욕망이 과도하게 앞서가니 두 눈이 가려진다. 사장교를 시공해본 경험은 전혀 없었다.

이들은 밤낮을 가리지 않고 24시간 공사에 임한다. 흔히 말하는 '돌관작업突貫作業'이다. 노동자 인권과 안전은 안중에도 없었다. 지금은 상상도 할 수 없는 일들이 벌어진다. 누가 빨리 짓는가의 진흙탕 싸움이었다. 마치 큰 판돈을 걸고 달리기 시합을 하는, 도박판을 닮은 모양새다.

두 다리 모두 1984년에 준공된다. 진도대교가 10월 18일, 돌산대교가 12월 15일이다. 진도대교가 준공되던 날, 시차를 두고 주암댐 기공식도 열린다. 독재자 전두환은 당연하다는 듯 진도대교 준공식과 주암댐 기공식에 참여한다. 나쁜 권력과 건설 대기업의 손뼉이 잘 맞아떨어진 결과다. 환상적인 이해관계의 절묘한 조화다.

이들 다리는 연륙교로 반드시 필요한 시설이었다. 고

장비와 인원, 자재를 집중 투입해 한달음에 해내는 공사.

립된 섬을 육지와 연결시키기 때문이다. 그러나 이를 정권
의 선전 도구로 사용한 행태가 문제다. 전임 독재자를 쏙 빼
닮았다. 토건국가土建國家°의 작동이다. 진도대교 시공 경험이
'말레이시아 페낭대교 수주의 발판'이 되었다고 선전하지만
1982년 착공한 페낭대교에 완공되기 전 진도대교가 구체적
으로 어떤 도움을 주었는지 의문이다.

쌍둥이 다리로 재탄생한 진도대교

진도대교는 완공일 기준으로 우리나라 최초의 사장교
가 된다. 길이 484미터의 다리는 2차선(폭 11.7미터)이었다.
69미터 높이의 'A형' 강재 주탑에 경사케이블을 비대칭으로
걸어 바람을 고려한 유선형의 보강형을 매달았다. 원래는 설
계하중이 2등급(총중량 32.4톤 이하 통행) 교량이었다. 많은 화
물을 실은 대형 트럭의 통행이 불가능한 다리였다는 의미다.
이 때문에 여러 불편함이 발생했다. 이에 2000년 설계하중 1
등급(총중량 43.2톤)의 새로운 다리를 구상한다. 결국 다리는
쌍둥이 사장교로 건설된다.

새로 지은 다리는 폭이 0.5미터 넓어진다. 2001년 12
월에 착공해 2005년 12월에 준공하는데, 이때 1984년에 지
은 다리의 설계하중도 1등급으로 보강한다. 이제는 누가 빨
리 짓는가의 도박 같은 경쟁 따위는 벌일 필요가 없다. 화원
반도 쪽 우수영 관광지나 진도 망금산 전망대에서 바라보는
쌍둥이 진도대교는 무척 아름답다.

진도대교는 쌍둥이 다리가 되었지만 주탑 교각 모양이 'H형'과 '횃불형'으로 각각 다르다.

하지만 진도대교는 엄밀한 의미에서 쌍둥이 다리가 아니다. 주탑을 지지하는 하부 교각 모양이 다르기 때문이다. 먼저 만들어진 다리는 'H형'이고, 나중에 만든 다리는 '횃불형'이다. 따라서 높은 곳에서 유심히 살펴보면 약간 어색한 느낌이 들기도 한다. 그렇다 하더라도 서남해안에 연이어 늘어선 섬들 모습과 잘 어우러진 진도대교는 우리에게 분명 멋진 풍광을 선사한다.

명량해전 승리를 일궈낸 울돌목

진도대교가 지나는 울돌목은 우리 역사에서 빼놓을 수 없는 전투가 벌어진 곳이다. 바로 '명량해전'이 일어난 곳이다. 울돌목은 좁은 곳이 폭 330미터에 불과하다. 수심도 들쭉날쭉하다. 해저에는 크고 작은 암초가 널려 있어 물길을 잘 아는 사공이 아니면 지나기가 쉽지 않다.

물은 갑자기 좁아지거나 울퉁불퉁한 암초에 부딪히면서 소용돌이를 일으키고 회돌이 소리를 낸다. 마치 '물이 우는 소리 같다' 해서 鳴(울 명) 자를 써 명량해협이라 부르는 것이다. 유속은 물속에서는 평균 5.5m/s고, 표층에서는 6.5m/s으로 무척 빠르다.

정유년(1597년) 왜란은 임진왜란보다 훨씬 더 잔인한 전쟁이었다. 수많은 백성이 목숨은 물론이고 코와 귀가 잘려나간다. 잡혀서 국제 노예로 팔려가기도 한다. 이른바 하삼도 下三道(전라·경상·충청도) 점령 전쟁이었다. 왜는 이 지역에서

다시, 오래된 다리를 거닐다

조선인의 씨를 말리고 자신들이 지배하는 나라를 만들려고 획책한다. 그만큼 잔인하고 무지막지했다. 그런데 이곳 울돌목 물길이 역사에서 벌어질 뻔한 비극을 막아낸 것이다.

명량해전으로 정유재란의 흐름은 바뀐다. 명량에서 길이 바뀐 썰물의 흐름이다. 육지에서 전주를 점령한 왜군은 충청도 직산에서 조명연합군에게 패한다. 왜 수군은 길을 돌려 부산을 거점으로 남해안에 둔취한다. 육군도 남해안 일대로 내려와 울산에서 순천까지 해안가에 왜성을 연달아 쌓고 현지 점령 정책을 펼친다.

이순신은 임진왜란 초기(1593년) 격려 글과 물품을 보내준 현덕승玄德升에게 답글을 보낸다. 글에서 한산도로 진陣을 옮겨 적의 해로를 차단하려는 까닭을 밝히며 "호남은 국가의 보루이며 장벽이니 만약 호남이 없다면 곧 국가가 없는 것과 같습니다湖南國家之保障 若無湖南 是無國家"라고 말한다. 그때도 무기와 식량, 군사와 격군(노 젓는 사람)을 호남에 기댔다. 정유재란 때는 오로지 호남 백성들과 이순신의 힘만으로 나라를 구해냈다 해도 과언이 아니다. 진도대교 쌍둥이 사장교는 역사의 그 당당한 물길 위로 유려하게 뻗어 있는 것이다.

정한으로
빚어낸
미투리
안동 월영교

달月은 백옥경白玉京이다. 옥황상제가 산다는 하늘의 서

울이다. 차안此岸°이 아니다. 은은하고 교교한 달빛은 외로움
이고 또한 커다란 상실이다. 달나라에는 어여쁜 선녀 항아姮
娥가 산다. 달은 그래서 늘 여성이다. 홀로 남게 된 외로운 여
인이 달 기운을 흠씬 들이킨다. 그 힘으로 다시 견딜 힘과 용
기를 얻는다.

한 백제 여인은 달을 보며 집 떠난 임을 그리워했다.
생계를 위해 행상을 나선 지아비는 소식이 없다. 홀로 집을
지키는 지어미는 그리움과 근심의 마음을 담아 노래한다. 달
은 속절없이 높고 밝기만 하다. 은은한 달빛이 온 천지를 그
리움으로 가득 채운다. 골골이 저자를 누비고 다닐 지아비

걱정에 달빛 서정으로 마음이 흠씬 옮겨든다. 백제 여인이
노래한 〈정읍사井邑詞〉의 배경이다.

> 둘하 노피곰 도두샤
>
> 어긔야 머리곰 비취오시라
>
> 어긔야 어강됴리
>
> 아으 다롱디리
>
> 져재 녀러신고요
>
> 어긔야 즌ᄃᆡ랄 드듸욜셰라
>
> 어긔야 어강됴리
>
> 어느이다 노코시라
>
> 어긔야 내가논ᄃᆡ 졈그롤셰라
>
> 어긔야 어강됴리
>
> 아으 다롱디리

주인 없는 무덤과 젊은 미라

낙동강 안동 주변에는 유독 달과 관련된 지명이 넘쳐
난다. 월곡면, 사월리, 엄달골, 월영대…. 달빛 수북이 쌓인 산
하가 애틋한 사랑의 마음을 닮았다 해서 '달골'이라 부른다던
가? 달의 얼굴과 빛이 만들어낸 그림자가 애틋한 한으로 남
아 월영月影이라 했다던가? 꿈같은 풍경에 고이 깃든 달빛이
낙동강 모래사장에 쌓이는 곳이라든지….

낙동강 남쪽 안동 시가지 맞은편은 신도시를 만들려고

온통 땅을 파헤치는 중이었다. 이를테면 안동의 강남으로, 때는 세기가 바뀌기 직전인 1998년이었다. 귀래정 서측 정하동 산 중턱에서 이름 모를 무연고 묘 하나가 발굴된다. 무덤 속 주인은 미라 모습이다. 나이는 갓 서른 남짓이다. 같이 묻힌 부장품들이 온전했다. 가지런한 한글로 줄을 바꿔 위쪽 여백까지 빼곡하게 써내린 편지와 머리카락을 잘라 만든 미투리° 한 쌍, 아내의 장옷 그리고 아이 배냇저고리와 함께다. 젊은 미라는 아내의 애절함이 듬뿍 담긴 편지와 어린 아들의 배냇저고리를 고이 품에 안아 영면에 들었다. 젊은 미라의 부모와 형의 편지도 있었다. 무덤이 만들어진 때는 1586년, 왜란이 일어나기 6년 전이다.

삼이나 노 따위로 짚신처럼 삼은 신.

서른한 살 지아비는 무척 다정다감하다. 지어미는 이런 지아비의 자상함과 깊은 사랑에 충만한 행복을 누린다. 형제간 우애는 깊고 어린 아들은 튼실하며 부모는 강건하다. 태중에는 아이도 있다. 하지만 무슨 이유에서인지 젊은 남편이 먼저 세상을 버리고 만다. 이름이 '원이'인 아들은 아직 어리다. 아내의 애절한 사랑 편지는 412년 만에 세상에 공개된다. 애석하게도 편지를 받은 이는 명확히 밝혀졌지만 쓴 아내는 누구인지 알 수가 없다.

아내는 이승에서 다하지 못한 애틋한 사랑을 죽은 남편에게 고백한다. 편지글은 간결하지만 절절하다. 서른 즈음의 아내가 느끼는 사랑과 상실감이 그대로 묻어난다. 꿈에서라도 만나고자 하는 그리움과 깊은 사랑이 모두를 숙연케 한다. 달빛이라도 위로해주었을지.

관을 덮은 명정은 무덤 주인이 철성 이씨임을 알려주었
다. 주인공을 찾아 나섰다. 고성 이씨 이응태(李應台, 1556~1586
년)로 밝혀지고, 문중 입회 아래 발굴이 진행된다.

412년 만에 세상에 나온 절절한 사랑편지

편지에 쓰인 호칭이 생경하다. 당시 남편을 부르는 호
칭은 '당신'이나 '여보'가 아닌 '자내'였다. 글의 시작은 "원이
아버지께 – 병술년 유월 초하룻날 집에서"로 시작한다.

> 당신이 늘 내게 이르시길, 둘이서 머리가 하얗게 세도록 살
> 다가 함께 죽자시더니, 나를 두고 어찌하여 당신 먼저 가시
> 나이까. 나와 자식은 누구에게 기대어 어찌 살라고 다 버리
> 고 당신 먼저 가버리시는고.[82]
> 당신 내게 어떻게 마음을 주시었고, 나 또한 당신에게 어떻
> 게 마음을 가져다주었던가요. 우리가 같이 누울 때면 난 언
> 제나 당신에게 이렇게 묻곤 했지요. "여보, 다른 사람들도 우
> 리처럼 서로를 어여삐 여기고 사랑하며 살아갈까요? 다른
> 이들도 정말 우리와 똑같을까요?" 어찌 그런 일들은 생각지
> 도 않으시고 나를 버리고 먼저 가시는 건가요. 당신 여의고
> 는 아무래도 나는 살 수 없을 듯해요. 빨리 당신께 가고만 싶
> 어요. 부디 나도 데려가주세요. 당신을 향한 마음을 이승에
> 서는 잊을 순 없을 것이고, 서러운 뜻도 끝이 없답니다. 내

마음 어디에 두고 자식들 데리고 당신을 그리워하며 살아갈 수 있을까요?

이 편지 보시거든 내 꿈속에 나타나 자세히 말씀해주세요. 당신 말을 자세히 듣고 싶은 마음에 이렇게 글을 써 넣어드립니다. 자세히 보시고 부디 내게 말씀해주세요. 배 속 아이 낳으면 당신께선 꼭 할 말 있다 하시곤 그리 가버리시니, 배 속 자식 낳으면 도대체 누굴 아비라 부르라는 건가요. 아무런들 내 맘 같겠습니까? 이런 슬픈 일이 하늘 아래 또 있겠습니까? 당신은 한갓 그곳에 가 계시면 그뿐이지만, 아무런들 내 맘같이 서럽겠습니까?

한도 없고 끝도 없어 다 쓰지 못하고 대강만 적습니다. 이 편지 자세히 보시거든, 부디 내 꿈에 나타나 당신 모습 자세히 보여주고 또 말씀해주세요. 나는 꿈에서라도 당신을 만나볼 수 있다 굳게 믿고 있답니다. 부디 몰래 와 보여주세요. 하고 싶은 말은 끝이 없지만, 이만 적습니다.[83]

한 쌍의 미투리를 형상화한 다리

무덤이 있던 곳에서 조금 떨어진 낙동강 상류 안동댐 바로 아래에 2003년 부부의 애절한 사랑과 이별을 기리는 다리를 만들었다. 월영공원과 민속촌을 잇는, 낙동강을 가로지르는 곳이다. 오로지 보행자만을 위한 다리다. 강바닥에 콘크리트 교각을 세우고, 그 위에는 타원형 아치 트러스를 짜 얹었다. 아치 트러스 위에 통 널빤지로 상판을 깔고, 온통 나무

정자 양편으로 놓인 다리는 아내의 머리카락으로 삼은 미투리를 형상화했다.

다리는 젊은 아내의 마음처럼 그 위를 걷는 모든 이를 사랑으로 위로한다.

로 만든 난간을 둘렀다. 난간 모양은 완卍 자형 전통건축 기법을 따랐다. 강 중간에는 멋들어진 정자도 세웠다. 정자를 중심으로 양편으로 놓인 다리는 젊은 남편이 천당으로 신고 간, 아내의 머리카락으로 삼은 미투리다. 천국으로 떠나버린 상실과 사랑, 애절함과 그리움이 담긴 신발이다. 다리 평면 선형을 미투리를 형상화한 'ㅅ' 자로 만든 것이다. 길이 387미터, 너비 3.6미터의 보행자 전용 교량이다.

안동시는 다리 이름을 공모한다. 주제는 '달'이었다. 그리움과 애처로움으로 남게 된 젊은 아내의 정한情恨을 그득 담아내는 이름이어야 했다. 월영月影이라는 서정 가득한 이름이 뽑힌다. '달 모습이나 달그림자'라는 의미다. 안동댐 수몰로 달이 그득한 월곡면 사월리에서 1976년 옮겨진 '월영대'가 인접한 곳이다. 온통 밝은 달빛이 남편을 먼저 떠나보낸 젊은 아내의 마음을 닮았다. 묵직한 안개라도 내려앉은 날이면 환영 속에서 그리운 임을 만나는 착각에 빠져들 것만 같다. 꿈에서라도 그리운 남편을 만나 이야기하고자 했던 젊은 아내의 한이 서린 까닭일까?

밤이면 교교한 달빛이 수면에 안겨온다. 다리는 젊은 아내의 마음처럼 그 위를 걷는 모든 이를 사랑으로 위로한다. 상실과 슬픔을 포근히 안아준다. 오색으로 밝게 빛나는 경관 조명은 변치 않을 사랑을 축수祝手한다.

다리 중간의 정자 월영정이 절묘한 중심 역할을 맡아준다. 다리를 건너는 사람들은 충만한 사랑과 행복을 꿈꾼다.

싸구려 커피처럼 일회용으로 마시고 버리는 사랑이 아니다. 지고지순한 깊은 사랑이다. 삶과 죽음으로도 갈라 세우지 못할 사랑이다. 생사일여生死一如로 이어지는 영원한 사랑이다. 서럽고 슬프지 않은 별리別離가 세상에 어디 있으랴. 낙동강을 그리움으로 건너는 월영교와 월영정에 들면 그런 아픔을 뛰어넘는 충만한 사랑으로 가득 채워질 것이다.

1. 네이버지식백과, 한민족문화대백과 추포도에서 각색해 인용.

2. 김준, 《섬문화 답사기》, 서책, 2012, 416쪽에서 인용.

3. "늦은 나이에 얻은 딸을 육지로 공부시키려고 보낸 어머니가 딸이 온다는 반
   가운 소식에 노두로 나간다. 반대편 수곡리에 도착한 딸도 어렴풋한 어머니
   모습에 노두에 발을 들인다. 하지만 그때는 밀물. 어머니는 '건너오지 마라'
   목이 터져라 소리쳐보지만 거리가 너무 멀다. 차오른 물에 그만 딸이 휩쓸리
   고 만다. 어머니도 딸을 구하려 바다에 뛰어들지만 안타깝게 둘 다 바닷물에
   목숨을 잃고 만다." 이종근, 《이 땅의 다리 산책》, 채륜서, 2015, 150~151쪽
   에서 각색해 인용.

4. 이용한, 《은밀한 여행》, 랜덤하우스코리아, 2007, 95쪽에서 인용.

5. 연합뉴스 취재팀, 《쉿! 우리 동네》, 연합뉴스, 2019, 274쪽에서 인용.

6. 위의 책, 277쪽에서 각색해 인용.

7. "대바구니 농籠 자로 자리의 물이 잘 빠져나가는 것을 뜻한다는 설이 있습니
   다. 밟으면 움직이고 잡아당기면 돌아가는 돌이 있어서 붙여졌다고도 하고,
   임연 장군이 용마龍馬로 다리를 놓았다는 전설에서 '용' 자가 와전되어 '농'
   이 됐다고도 합니다." 이종근, 《한국의 다리 풍경》, 채륜서. 2016, 75쪽에서

인용.

"그렇게 해서 완성된 다리는 검붉은 몸의 마디마디를 힘차게 움직이며 물살
을 거슬러 올라가는 상서로운 지네의 형상이다. 그래서 지네라는 뜻을 가진
'농籠' 자를 붙여 '농다리'라 불렀다." 정진해 외·김성철 사진,《또 하나의 유
산》, 눌와, 2006, 139쪽에서 인용.

8. 양택규,《경복궁에 대해 알아야 할 모든 것》, 책과함께, 2007, 332쪽에서 각색
해 인용.

9. 낙천정樂天亭이 있던 정확한 위치에 대해 의견이 분분하다. 문화재청은 광진
구 자양동에 1991년 지어진 정자에서 약 200미터 떨어진 곳(《조선왕조실
록》등 각종 사료에 낙천정의 원위치로 기록되어 있는 대산臺山의 정상과는
200미터 이상 이격해 있는 것으로 과거 항공사진으로 확인)으로 추정한다.
신정일은《신정일의 신 택리지 서울·경기도 편》(타임북스, 2010)에서 중랑
천 끝 삼각주 저자도에 있었다(125쪽)고 주장하고, 손종흠은《한강에 배 띄
워라, 굽이굽이 사연일세》(인이레, 2011)에서 잠실대교 북쪽 나들목 동쪽의
강 언덕(44쪽)이라 주장한다.

10. 신정일이 저자도에 낙천정이 있었다고 주장하는 근거는 조선 초기 학자인
정인지가 저자도에 대해 적은 글에 대한 인용 때문이다. 그 내용은 다음과
같다. "경도京都는 뒤에 화산華山을 지고, 앞으로 한강을 마주하여 형승이 천
하에 제일간다. 중국의 사군자士君子들이 사신으로 우리나라에 오면, 반드시
시를 지으면서 놀며 구경하다 돌아가는데, 동쪽으로 제천정에서부터 서쪽으
로 희우정에 이르기까지 수십 리 간에는 공후귀척公侯貴戚이 많아 정자 누
대를 마련하여 두어 풍경을 거두어들였다. 동쪽 편은 또 토질이 좋고, 물과
풀이 넉넉하여 목축에 적당한데, 준마가 만 필은 되는 듯 바라보기에 구름이
뭉친 것 같다. 그 가운데의 높은 언덕은 형상이 가마釜를 엎어놓은 것 같으
며, 그 위에 낙천정이 있는데, 우리 태종 대왕이 선위하신 후에 편히 쉬시던
곳이다. 남쪽으로는 큰 강에 임하였으며, 저자도 작은 섬이 완연히 물 가운
데 있는데, 물굽이 언덕이 둘리고, 흰 모래와 갈대숲의 경치가 특별히 좋다."
신정일,《신정일의 신 택리지-서울》, 쌤앤파커스, 2019, 234쪽에서 인용.

11. 이 당시 우리나라 최초 수리모형 시험이 시행된다. "1970년 5월 현대건설이
압구정동 매립 때 최초로 수리모형 시험을 실시했다. 이때 건설부는 수리모
형 시험의 세계적인 권위자인 동경공업대학의 요시가와 교수를 초빙했다.
시험결과에 따라 제방의 위치를 62미터 후퇴시켰다." 이덕수,《한강 개발사》,
한국건설산업연구원, 2016, 164쪽에서 재인용.

12.《조선경국전》이라는 책을 통해 왕권보다는 신권 위주의 각종 지표와 권력기
구 구성을 제시했다. 특히 자질이 일정하지 않은 국왕이 세습 권력으로 전권

다시, 오래된 다리를 거닐다

을 행사하는 것을 경계하며, 재상의 권력이 언제든 왕권을 견제하고 주도까지 할 수 있어야 한다는 확신을 가지고 있었다.

13. 신병주, 《조선을 움직인 사건들》, 새문사, 2009, 34쪽에서 인용.

14. 조광권, 《청계천에서 역사와 정치를 본다》, 여성신문사, 2005, 41쪽에서 인용.

15. 신병주, 앞의 책, 37쪽에서 인용.

16. 양택규, 《경복궁에 대해 알아야 할 모든 것》, 책과함께, 2007, 31~32쪽에서 인용.

17. 다리 옆에 놓여 있던 '은진미교비'는 국립부여박물관에 보관 중인데, 비문에 따르면, 조선 영조 7년(1731년) 주민의 필요에 따라 강경촌 사람인 송만운이 주도해 이 다리를 만들게 되었다고 한다. '문화재청 문화재 정보-강경 미내다리' 일부 내용 참조.

18. 임금의 노여움을 이르는 말. 용의 턱 아래에 거꾸로 난 비늘을 건드리면 용이 크게 노하여 건드린 사람을 죽인다고 하는 《한비자》〈세난편說難編〉에서 유래했다.

19. 1941~1999년. 전남 곡성 출생. 1964년 〈경향신문〉 신춘문예에 〈아침선박〉으로 등단했다. 시집으로 《아침선박》(1965년), 《식칼론》(1970년), 《국토》(1975년), 《가거도》(1983년), 《자유가 시인더러》(1987년), 《산속에서 꽃 속에서》(1991년) 들이 있다.

20. "정조는 재위 24년간 총 66회의 행행을 하여 1년 평균 약 3회를 기록했고, 아버지 묘소 참배가 그 절반을 차지했다." 한영우, 《정조의 화성행차 그 8일》, 효형출판, 1998, 104쪽에서 인용.

21. "정조가 현륭원을 참배한 것은 모두 13회이고, 이때 처리한 상언이 1100여 건에 달한다." 위의 책, 105쪽에서 인용.

22. 위의 책, 93쪽에서 각색해 인용.

23. 위의 인용.

24. 한영우, 《〈반차도〉로 따라가는 정조의 화성행차》, 효형출판, 2007, 100쪽에서 각색해 인용.

25. 1789년(정조 13)에 선박·교량 및 호남·호서 지방의 조운漕運에 관한 사무를 전담하는 상설기구로 설치했다. 한강 배다리에 사용할 각종 재료도 상시 보관·관리했다.

26. 한영우, 《정조의 화성행차 그 8일》, 효형출판, 1998, 148쪽에서 각색해 인용.

27. 이 부분에 대해 김평원은 《엔지니어 정약용》(다산초당, 2017) 164~169쪽에서 선창과 배다리를 연결한 방법으로 ① 선창과 항선 ② 부판浮板을 이용한 선창다리 ③ 요철결합방식 세 가지가 구상되었고, 이 가운데 요철결합방식

을 최종적으로 선정해 적용했다고 기술한다.

28. "배다리 길이는 수위에 따라 달라지지만 대체로 300파把, 1800척 안팎이었
다. 이를 실록에 언급된 지척指尺을 기준으로 하여 미터법으로 환산해 보면
517미터가 된다. 다리 가운데 부분의 높이는 12척가량이었다고 하니 미터법
으로는 3.4미터, 그리고 다리 폭은 24척, 즉 7미터정도였다." 이덕수,《한강
개발사》, 한국건설산업연구원, 2016, 235쪽에서 인용.

"주교사는《주교지남》을 토대로 노량진 나루터의 정확한 강폭을 측정했는데
배다리를 놓아야 하는 강폭 길이는 190발把이었다. 양팔을 벌린 길이가 1발
이니, 오늘날 사용하는 미터 단위로 환산하면 강폭의 전체 길이는 대략 340
미터 정도였다. (중략) 국립해양문화재연구소의 조운선 도면을 참조하여 36
척으로 이어 만든 340미터 길이의 배다리를 합리적으로 추론할 수 있다." 김
평원,《엔지니어 정약용》, 다산초당, 2017, 160쪽에서 인용.

29. 채만식,《탁류》, 신원문화사, 2006, 11쪽에서 인용.

30. 조정래,《아리랑》, 해냄, 1994, 1권 106쪽에서 인용.

31. 위의 책, 3권 211쪽에서 인용.

32. 고은·김형수,《두 세기의 달빛》, 한길사, 2012, 152쪽을 각색해 인용.

33. 1894년 봄 동학농민군 봉기를 기화로 8000여 군사를 조선에 출동시킨 일본
은 7월 23일 경복궁을 불시에 점령하고 청나라에 선전포고한다. 이런 일련
의 도발 행위를 정당화하고 조선에 대한 내정간섭, 일련의 이권 획득(경부,
경인 간 철도부설권 및 전신선 설치·관리권, 군사보급로 확보, 목포항 개항
등)을 위해 일본공사 오토리가 같은 해 7월 30일 조선 정부에 체결을 요구
하고, 8월 20일, 경복궁을 점령한 일본군의 철수를 조건으로 체결한다. 총 7
개 항목으로 구성되어 있다.

34. 1895년 5월 4일, 영·미·러·독 4국 공사가 항의서를 조선 정부에 전달한 것
을 필두로 조선 정부는 3남 지방에서의 항일 의병투쟁 격화 우려와 '조일잠
정합동조관'이 잠정적 약속이라는 이유를 들어 이를 거부한다. 그러나 그해
10월 왕후 민씨 시해 사건으로 사실상 유명무실해진다. 정재정,《철도와 근
대 서울》, 국학자료원, 2018, 63~64쪽에서 각색해 인용.

35. 위의 책, 67쪽에서 재인용.

36. 1896년 일본 대기업 자본가 150명이 발기인으로 참여한 경부선철도부설권
확보를 위해 설립한 조합이다. 우선 경인선을 확보해야 경부선도 확보할 수
있다는 취지에서 조합 명칭을 경인철도인수조합으로 명명했다.

37. 최종적으로 모스에게 지불한 금액은 총 170만 2452원 75전(85만 1226달
러)임. 정재정,《철도와 근대 서울》, 국학자료원, 2018, 73~74쪽에서 각색해
인용.

38. 경인선 레일은 미국 일리노이철강주식회사가 제작한 제품이고, 기관차는 미국 브룩스 사의 모걸 탱크형으로 '모걸1호'라 명명했다. 7개 역 종사원은 119명이었고, 증기기관차 4량, 객차 6량, 화차 28량이 도입되어 화물 수송 위주로 운용되었다. 1등 칸(1원 50전)은 외국인, 2등 칸(50전)은 내국인, 3등 칸(40전)은 부녀자가 탑승했다. 이덕수,《한강 개발사》, 한국건설산업연구원, 2016, 244~245쪽에서 발췌해 인용.

39. 1896년 조선 정부와 미국인 모스가 체결한 '경인철도특허조관 제2조'에 명기되었다. "(전략) 상기에 기술한 교량은 보행자들의 편의를 도모하기 위하여 길 한쪽 또는 양쪽에 보도를 시설할 것이며 (후략)" 이덕수,《한강 개발사》, 한국건설산업연구원, 2016, 249쪽에서 인용.

40. "경인 상행선(B) 및 경부선(A)의 두 철교는 남쪽에서 세 번째 경간의 침목과 철길 일부만 약간 손상되었을 뿐 그 골간은 거의 완전하게 남아 있었던 바, 조금만 보수하면 전차를 포함한 각종 중장비의 통행이 가능한 상태였다고 한다." 위의 책, 253쪽에서 인용.

41. 한국전쟁 중 연합군의 인천 상륙이 이뤄진 직후인 1950년 10월 9일부터 31일까지 고양경찰서의 지휘 아래 경찰과 우익단체 회원들이 북한군을 위해 부역했거나 부역자 가족이라는 이유로 누명을 씌워 고양·파주 지역 주민 150여 명을 고양시 황룡산 금정굴에서 총살·암매장한 사건.

42. 이 공사는 4년 9개월 동안 2단계에 걸쳐 시행된다. 이 과정에서 1954년 미국 FOA(Foreign Operation Administration) 원조자금 투입되었다. 위의 책, 255쪽에서 각색해 인용.

43. 1965년 체결된 '한일협정'으로 받은 '청구권자금'을 사용했다. 총 복구비 6억 5900만 원 중 청구권자금 2억 4090만 원(89만 2000달러)이 사용되었다. 《청구권자금백서》, 경제기획원, 1976, 300쪽에서 각색해 인용.

44. 조선총독부 내무부는 1911년 4월 '도로규칙'을 제정한다. 모든 도로를 4등급(1~4등 도로)으로 구분해 각 등급마다 각기 다른 관리 주체와 공사·시방 규칙을 적용한다. 도로 등급별 노선을 계획하고 이를 시공하기 위해 제1기(1911~1917년) 및 제2기(1917~1938년) 치도사업을 시행한다. 이 규칙은 1938년 '조선도로령' 제정 공포로 사라진다. 도로령은 도로를 국도, 지방도 부府도, 읍면도 등으로 구분하기 시작한다. 손정목,《일제강점기 사회상연구》, 일지사, 1996, 331~333쪽에서 각색해 인용.

45. 신명직,《모던뽀이, 경성을 거닐다》, 현실문화연구, 2003, 52~53쪽에서 인용.

46. 발주처인 내무부는 조흥토건을, 승인처인 재무부는 홍화공작소를 택해 수의 계약을 하려다가 팽팽한 대립이 이뤄지자 경쟁 입찰이 이뤄진다. 예정가격 1

억 200만 환의 입찰에 현대·조흥·중앙·대동·흥화가 참여했는데, 이중 흥화가 1000환에 입찰해 물의를 빚는다. 이덕수, 《한강 개발사》, 한국건설산업연구원, 2016, 274쪽에서 각색해 인용.

47. 《르포히스토리아》(원희복, 한울, 2016) 94쪽에 따르면, 박정희가 김종필에게 "한강다리를 건너는데 헌병들이 쏜 총알이 막 날아와. 나는 지프에서 내렸지. 그리고 다리를 걸어서 건너갔지. 이쪽에서 응사하니까 잠시 후 헌병대가 싹 사라졌어"라고 했다고 한다. 쿠데타 당시 육군참모총장 장도영이 내린 반란군 체포령과 한강인도교 방어선이 허망하게 무너져 쿠데타가 성공한 건 사실이지만, 박정희가 했다는 말도 박정희를 미화하려고 지어낸 허구로 보인다.

48. 서중석은 이를 1946년 일어난 10월항쟁의 원인으로 지목한다. 서중석·김덕련, 《서중석의 현대사 이야기 1》, 오월의봄, 2015, 254쪽에서 참조.

49. 1902년 매관買官으로 얻은 부여군수를 시작으로 10여 년간 충남 6개 지역의 군수를 역임했다. 관리 시절 농민 수탈은 물론 각종 세금을 착복해 부를 쌓기 시작했다. 토지조사사업으로 총독부가 빼앗은 땅을 식산은행 대출을 받아 싼값으로 사들여 재산을 불렸다(홍경선, 《친일파와 일제시대 토지》, 한울아카데미, 2006, 106에 따르면 김갑순이 일제로부터 싸게 사들인 토지가 1001만 3000평이라 밝힘). 이후 운수업, 극장, 금강 배다리, 공유수면매립 및 신시가지 조성, 유성온천, 신문사 등 각종 이권 사업에 진출했다.

50. 충청감영(충남도청)이 있던 공주에서 가장 좋은 집을 사 충청 제일의 부자라는 소문을 낸다. 사람들은 이를 믿고 이자는 낮지만 안전하다고 인식하고 김갑순에게 돈을 맡긴다. 김갑순은 이렇게 모은 돈으로 대전에 땅을 사들인다. 반민족문제연구소 엮음, 《친일파 99인 2》, 돌베개, 1993, 148~149쪽에서 참조.

51. 정운현, 《친일파는 살아 있다》, 책보세, 2011, 129쪽에서 인용.

52. "1920년대 인구 구성비에서 일본인이 공주 지역보다 대전 지역에 두 배 정도 많았다. 1923년 공주 지역 인구는 8304명(한국인 6548명, 일본인 1605명)이고, 대전 지역 인구는 6728명(한국인 2114명, 일본인 4798명)이었다." 네이버지식백과, 충청남도 도청 이전 반대운동(한국향토문화전자대전)에서 인용.

53. "김갑순은 낮은 이자로 부자들 돈을 모아 대전 땅 22만 평을 헐값에 샀습니다." 선안나, 《일제강점기 그들의 다른 선택》, 피플파워, 2016, 83쪽에서 인용. 대전역과 옛 충남도청이 있던 지금의 중앙로 좌우 일원의 토지로 추정된다.

54. 시베리아로 출정하는 일본군이 가져온 황금을 횡령한 사건 등 다양한 부정 사건에 연루되었다. 1927년 제4대 조선 총독에 임명된 그가 1929년 경성에

미두 취인소 설립을 허가해주는 대가로 측근을 통해 5만 원 상당 뇌물을 수수하면서 드러난 사건이다. 이 때문에 총독직에서 사임했다.

55. 1923년 3월, 대전에 거주하는 일본 실업인들이 중심이 되어 야마시 총독을 대전으로 초대해 뇌물로 10만 원을 주면서 충남도청을 공주에서 대전으로 이전하자고 건의한 내용이 폭로된 사건.

56. 공주공영회가 1929년 1월 도청 이전 반대를 위해 소집한 대회에서 정식으로 조직한 단체. 회장은 일본인, 부회장은 조선인이 맡았다. 실행위원은 조선인과 일본인 각각 20인씩으로 구성했다. 일본인은 관청에 대한 진정과 로비를 맡고, 조선인은 대중 집회나 시위를 맡는 등 역할을 분담했다. 조선인은 우익민족주의자는 물론 대지주, 금융인, 언론인 등이 참여했다.

57. "마침내 대전으로 도청이 옮겨지자 평당 1~2전에 산 땅값이 몇백 원으로 치솟았습니다. 1930년대 대전 땅의 40퍼센트가 김갑순 소유였고, 나머지는 일본 기업과 일본인 몇 명이 주인이었습니다." 선안나, 《일제강점기 그들의 다른 선택》, 피플파워, 2016, 83쪽에서 인용.

58. 1889년에 반포한 일본 제국헌법에 따라 설치한 일본 국회. 1890년 11월 29일 제1회 국회가 열린 뒤 1947년 3월 31일 제92회 국회까지 존속되었다. 이날 국회에서 중의원이 해산하고 귀족원은 정회되었다. 위키백과(https://ko.wikipedia.org/wiki/제국의회_[일본])에서 발췌해 인용.

59. 공주시내의 극장에 불이 났는데, 사람들이 불 끌 생각은 하지 않고 그냥 지켜봤다는 일화도 있다. 불이 난 극장이 김갑순 소유였다.

60. "일본인 거류지 외곽 산비탈에 조선인 마을을 노란색 네모로 따로 표시하고 있어 일본인 거주지와 조선인 거주지가 분리되어 있었음을 파악할 수 있다." 홍순권 외, 《부산의 도시 형성과 일본인들》, 선인, 2008, 409쪽에서 인용.

61. 1914년 행정구역을 개편하기 이전 동래와 부산부로 나뉘어 있을 당시 부산부 인구는 1911년 기준으로 일본인 2만 6586명, 조선인 2만 2610명이었던 점과 이들이 종사하던 직업군 차이에서 이를 간접적으로 추론할 수 있다. 위의 책, 278쪽 표1과 281쪽에서 참조.

62.

구분	계	조선인	일본인 외	출처
1929년	11만 5092명	7만 1343명	4만 1649	20쪽
1930년	11만 6027명	7만 3336명	4만 2871	137쪽
1932년	13만 397명	8만 5585명	4만 4812	267쪽
1936년	20만 2000명	14만 3600명	5만 8000	399쪽

최인택 옮김, 《기억도시 부산을 안내하다》, 경인문화사, 2020.

63. 깡깡이예술마을사업단, 《깡깡이 마을 100년의 울림-역사》, 호밀밭, 2017, 50쪽에서 인용.

64. "영도대교가 개통될 1934년 무렵 영도 영선동에만 인구 1만 8000명이 거주." 석당학술원지역문화연구소 엮음, 《지역과 문화유산》, 선인, 2010, 241쪽에서 인용.

65. "1919년부터는 부산부에서 직접 도선을 운영했다. 영도와 부산을 왕복하는 선박은 10여 톤급의 배로 수환壽丸, 상반환常盤丸, 송도환松島丸, 목도환牧島丸, 주갑환洲岬丸 등 5척이었다. 이 발동선에서 일하는 선원은 32명이었다. 이들은 발동선을 운행하면서 새벽 5시부터 밤 12시까지 영도와 부산을 오가며 쉼 없이 일했다." 유승훈, 《부산은 넓다》, 글항아리, 2013, 206~207쪽에서 인용.

66. 부산 일본인 거류지와 초량, 영도, 경상남도, 전라도 지역에 많은 토지를 소유했다. 1928년 김해평야의 갈대가 우거진 땅 1000여 정보를 개간하고 1200호를 소작 이민시켜 논 700정보와 쌀 2만 석을 거두고 같은 해 창원 동면과 김해 진영 농장을 매입한다. 부산에서는 토지와 가옥으로 임대업 등을 영위했다.

67. 항만공학 전문가인 세키 노부오. 세키 교수는 이른바 'Transporter Bridge'를 제시했다. 이는 총독부 구상(안) 중 하나인 도선가교渡船架橋로 구체화되는데, 1904년 영국 웨일즈 지방에 가설된 'Newport Transporter Bridge'를 모방한 것으로 보인다. 나중에 총독부 토목과장 신바 코헤이가 이를 발전시킨다.

68. 총독부에서 선정한 최종(안)은 두 개였다. 1안은 부산과 영도 사이를 매립하고 중앙에 갑문을 설치하는 것으로, 이 안은 해류 흐름을 막아 수질오염 문제를 일으키는 것으로 파악돼 채택하지 않았다. 2안은 도선가교로 양안에 거대한 철주를 세우고 차량과 사람을 실어 나르는 곤돌라 설치하는 안이었다. 이 안은 인구 증가에 대비한 수송 능력의 한계가 지적되어 역시 채택되지 않았다.

69. 마스다 준이 1931년 설계한 가동교 도개장치 설계도가 발견(2003년)되지만 그의 안은 실제 적용되지 않았다.

70. 최인택 옮김, 《기억도시 부산을 안내하다》, 경인문화사, 2020, 407~408쪽에서 인용.

71. 부산 인구는 1945년 28만 1160명, 1949년 47만 750명, 1955년 104만 9363명으로 증가한다. 1949년의 증가는 해외 귀국 동포들이 부산에 정착하였음을, 1955년 인구는 피난민이 정착했음을 보여준다. 다케쿠니 도모야스, 《한일 피시로드, 흥남에서 교토까지》, 따비, 2014, 107쪽에서 각색해 인용.

72. 문재원 엮음, 《부산 시공간의 형성과 다층성》, 소명출판, 2013, 273쪽에서 인용.

73. 함광복은 이를 반드시 구소련에서 차용하지 않았을 개연성이 있다는 의견을 피력한다. 중국 장강 삼협에 철원 승일교와 유사한 교량들이 많다는 점을 들어 설계자 김명여 씨가 이를 빌어다 설계했을 개연성을 배제하지 못한다고 주장했다. 강의 형상과 지형이 유사한 측면에서 장강식長江式을 도입했을 개연성을 언급한 것이다. 함광복, 《할아버지, 연어를 따라오면 한국입니다》, EASTWARD, 2002., 250쪽 참조.

74. 유홍준은 1990년 민족미술협의회 '조국산하전'을 개최하던 당시 다리 이름이 중앙지도 등에 표기된 承日橋(승일교)로 알고 있었으나, 한참 후 한국문화유산답사회 총무를 맡고 있던 시인 이형권이 답사 후 비석을 보고 알려준 이야기는 '1958년 제5군단장이 이 다리를 완공하면서 육사 1기생으로 1950년 11월 26일 평남 덕천지구에서 생사불명이 된 비운의 장교인 당시 31세 대령이던 고 박승일 연대장을 추모하며 昇日橋(승일교)라고 명명'했다는 사실을 기록했다. 유홍준, 《나의 문화유산 답사기2》, 창비, 2011, 248~249쪽에서 각색해 인용.

함광복은 昇日橋(승일교)라는 이름은 군인들이 가져다 붙인 이름이라고 주장한다. 1980년대 후반까지 승일교 주변은 민간인 출입이 쉽지 않았고, 1985년 10월 1일 국군의날 때 군인들 주도로 바위로 만든 기념비석을 세운 데서 연유한다는 것이다. 이 지역을 지키던 군인들이 마치 한국전쟁 때 한탄강 전투에서 공을 세운 고 고근홍 대령을 기리는 철원의 또다른 다리 '근홍교'처럼 관성적으로 한국전쟁 때 전사하거나 행방이 묘연한 선배 군인의 이름을 가져다 쓴 것이라며 철원 사람들은 承日橋(승일교)로 해석한다고 말한다. 함광복, 앞의 책, 244~248쪽에서 각색해 인용.

75. 《청구권자금 백서》, 경제기획원, 1976, 10~11쪽, 제1편 제1장 제2절 대일청구자금의 성격과 규모 참조.

76. 위의 책, 297쪽에서 각색해 인용, 제2편 제5장 제7절 남해대교 가설사업 참조.

77. 위의 책, 298쪽 표II-5-26에서 각색해 인용, 제2편 제5장 제7절 남해대교 가설사업 참조.

78. 통계청 소비자 물가 관련 자료: 2000년을 100으로 기준 삼았을 때 1976년 17.56, 1977년 19.36, 1978년 22.14, 1979년 26.14, 1980년 33.62다. 이를 기간별 계수로 환산 적용해 산정한다. 1차 석유파동 이후 소비자 물가상승률 변동 폭이 극심한 시기였다.

79. 1979년 대치동 은마아파트 분양 광고에 제시된 평당 분양가가 68만 원이었다. 이를 34평형 기준으로 계산하면 2312만 원이다. 9억 5000만 원은 은마아파트 34평형 41채 가격에 해당한다. 이를 2021년 4월 말 34평형 시세(24억 4000만 원)로 계산하면 약 1000억 원에 해당하는 금액이다.

80. 홍성태는 그의 저서《생태문화도시 서울을 찾아서》(현실문화연구, 2005, 47~68쪽)에서 이 시대를 '군사적 성장주의'라 정의했다. 이는 박정희가 일본 군사학교와 군국주의 정신을 통해 체득한 것이라는 주장이다. 그는 박정희의 개발 방식을 '외형적 결과를 가장 중요한 목표로 추구하는 개발 방식'으로 정의하고, 이는 자연과 사회를 체계적으로 파괴하는 '파괴적 개발'이며, 이런 방식의 근대화는 '폭압적 근대화'일 수밖에 없다고 일갈했다.

81. 위의 책, 64쪽에서 각색해 인용.

82. 네이버지식백과, 안동대학교박물관-사랑과 영혼의 환생(박물관 기행, 이병학)에서 각색해 인용.

83. 안동대학교박물관-사랑과 영혼의 환생(박물관 기행, 이병학) 중 '임세권 안동대 사학과 교수'의 풀이를 각색해 인용.

1부 옛 다리, 우리 이야기를 찾아서

끈끈한 공동체를 하나로 이어주던
추포 노두길

김준, 《섬 문화 답사기-신안 편》, 서책, 2012.

김재석, 《신안 천사의 섬 섬들의 낙원》, 사의재, 2019.

박순동, 《암태도 소작쟁의》, 이슈투데이, 2003.

이종근, 《이 땅의 다리 산책》, 채륜서, 2015.

최진연, 《옛 다리 내 마음속의 풍경》, 한길사, 2004.

이재언, 《한국의 섬-신안군2》, 지리와 역사, 2015.

단종의 넋을 기리는
주천강 쌍 섶다리

최갑수, 《당신에게 여행》, 꿈의 지도, 2012.

유연태 외, 《대한민국 대표여행지52》, 넥서스Book, 2008.

유정호, 《방구석 역사여행》, 믹스커피, 2020.

김원식,《영월, 희망을 보다》, 문학공원, 2011.
이용한,《은밀한 여행》, 랜덤하우스코리아, 2007.
이종근,《이 땅의 다리산책》, 채륜서, 2015.
이용한 글·안홍범 사진,《이색마을 이색기행》, 실천문학, 2007.
최진연,《옛 다리, 내 마음속의 풍경》, 한길사, 2004.
손종흠,《한국의 다리》, 지식의 날개, 2008.

물의 섬, 그곳을 지키는
무섬 외나무다리

이병학,《대한민국 마을여행》, 안그라픽스, 2010.
유정호,《방구석 역사여행》, 믹스커피, 2020.
KBS 다큐3일 제작팀,〈사랑하면 보인다〉, 인플루엔셜, 2017.
연합뉴스취재팀,〈쉿! 우리 동네〉, 연합뉴스, 2019.
이용한 글·안홍범 사진,《이색마을 이색기행》, 실천문학, 2007.
고두현 외,《한국문화 유전자지도》, 한국학진흥원, 2013.
이종근,《한국의 다리 풍경》, 채륜서, 2007.

천년의 비밀을 간직한
진천 농다리

권상준,《금수강산의 근원 8경의 미-충북 편》, 마음의 숲, 2013.
정진해 외·김성철 사진,《또 하나의 유산》, 눌와, 2006.
김재성,《미로, 길의 인문학》, 글항아리, 2016.
유정호,《방구석 역사기행》, 믹스커피, 2020.
최진연,《옛 다리 내 마음속의 풍경》, 한길사, 2004.
손광섭,《천년 후, 다시 다리를 건너다》, 이야기꽃, 2003.
손종흠,《한국의 다리》, 지식의 날개, 2008.
이종근,《한국의 다리 풍경》, 채륜서, 2016.

아름다운 향기로 세상을 취한
경복궁 취향교

양택규,《경복궁에 대해 알아야 할 모든 것》, 책과함께, 2007.
박영수,《경복궁의 동물과 문양 이야기》, 풀과바람, 2019.
청동말굽,《다리가 들려주는 이야기 한국사》, 조선북스, 2012.
허한나,《서울에 취하다》, 조선매거진, 2013.
송용진,《쏭내관의 재미있는 궁궐기행》, 지식프레임, 2011.

홍순민, 《우리 궁궐 이야기》, 청년사, 1999.

최진연, 《옛 다리, 내 마음속의 풍경》, 한길사, 2004.

박석희 외, 《조선의 정체성》, 미다스북스, 2013.

동쪽 길목에서 꿋꿋하게 살아남은
살곶이다리

한국문화유산답사회 엮음, 《답사여행의 길잡이 15-서울》, 돌베개, 2004.

박상준, 《서울 이런 곳 와 보셨나요? 100》, 한길사, 2008.

신정일, 《신정일의 신 택리지 서울·경기도 편》, 타임북스, 2010.

신정일, 《신정일의 신 택리지 서울 편》, 쌤앤파커스, 2019.

최진연, 《옛 다리, 내 마음속의 풍경》, 한길사, 2004.

손광섭, 《천년 후, 다시 다리를 건너다》, 이야기꽃, 2003.

이덕수, 《한강 개발사》, 한국건설산업연구원, 2016.

손종흠, 《한강에 배 띄워라, 굽이굽이 사연일세》, 인이레, 2011.

손종흠, 《한국의 다리》, 지식의날개, 2008.

박정근, 《한국의 석조문화》, 다른세상, 2004.

능원 신장석을 가져다 만든
청계천 광통교

양택규, 《경복궁에 대해 알아야 할 모든 것》, 책과함께, 2007.

손영욱, 《미술시장의 탄생》, 푸른역사, 2020.

박태원, 《소설가 구보 씨의 일일》, 문학과지성사, 2005.

홍순민, 《우리 궁궐 이야기》, 청년사, 1999.

정옥자, 《오늘이 역사다》, 현암사, 2004.

이성무, 《조선국왕전》, 청아, 2012.

신병주, 《신병주 교수의 조선 산책》, 매일경제신문사, 2018.

신병주, 《조선을 움직인 사건들》, 새문사, 2009.

신병주 외, 《조선의 통치철학》, 푸른역사, 2010.

조광권, 《청계천에서 역사와 정치를 본다》, 여성신문사, 2005.

이종근, 《한국의 다리 풍경》, 채륜서, 2016.

한 도시의 영광과 쇠락을 지켜본
강경 미내·원목다리

윤영선 글·윤소홍 그림, 《국 아홉동이 밥 아홉동이》, 미래아이, 2009.

이종근, 《이 땅의 다리 산책》, 채륜서, 2015.

최진연, 《옛 다리, 내 마음속의 풍경》, 한길사, 2004.

최정이 글·이영미 그림, 《옛날옛날에 다리 따라 흘러흘러》, 파란자전거, 2013.

손광섭, 《천년 후, 다시 다리를 건너다》, 이야기꽃, 2003.

손종흠, 《한국의 다리》, 지식의날개, 2008.

누각을 품은 이채로운 아름다움
태안사 능파각

장영섭, 《길 위의 절》, 불광, 2009.

손광섭, 《천년 후, 다시 다리를 건너다》, 이야기꽃, 2003.

이종근, 《한국의 다리 풍경》, 채륜서, 2007.

역사의 파도를 과감하게 넘어선
한강 배다리

유봉학, 《개혁과 갈등의 시대》, 신구문화사, 2009.

한영우, 《〈반차도〉로 따라가는 정조의 화성행차》, 효형출판, 2007.

김동욱, 《수원 화성》, 돌베개, 2002.

김평원, 《엔지니어 정약용》, 다산초당, 2017.

최동군, 《정조 반차도》, 담디, 2016.

이한우, 《정조: 조선의 혼이 지다》, 해냄, 2007.

한영우, 《정조의 화성행차 그 8일》, 효형출판, 1998.

이덕수, 《한강 개발사》, 한국건설산업연구원, 2016.

2부 근현대 다리 속 숨은 역사를 찾아서

수탈의 아픔을 간직한
군산 뜬다리부두

배지영, 《군산》, 21세기북스, 2020.

고은·김형수, 《두 세기의 달빛, 시인 고은과의 대화》, 한길사, 2012.

연합뉴스 취재팀, 《쉿! 우리 동네》, 연합뉴스, 2019.

조정래, 《아리랑》, 해냄, 1994.

김평원, 《엔지니어 정약용》, 다산초당, 2017.

강석훈 외, 《왜 우리는 군산에 가는가》, 글누림, 2014.

채만식, 《탁류》, 신원문화사, 2006.

역사의 버거운 무게를 떠안은
한강철교

이수광, 《경부선, 눈물과 한의 철도 이야기》, 효형출판, 2010.

신기철, 《국민은 적이 아니다》, 헤르츠나인, 2014.

역사학연구소, 《교실 밖 국사여행》, 사계절, 2010.

이노우에 유이치, 《동아시아 철도 국제관계사》, 지식산업사, 2005.

김삼웅, 《한 권으로 보는 일제 침략사 65장면》, 가람기획, 2005.

조성면, 《질주하는 역사 철도》, 한겨레, 2012.

정재정, 《철도와 근대 서울》, 국학자료원, 2018.

《청구권자금백서》, 경제기획원, 1976.

이덕수, 《한강 개발사》, 한국건설산업연구원, 2016.

이덕수, 《한국 건설 기네스 Ⅰ 길》, 보성각, 2010.

한강 최초의 인도교
한강대교

신명직, 《모던뽀이, 경성을 거닐다》, 현실문화연구, 2003.

원희복, 《르포히스토리아》, 한울, 2016.

허영섭, 《일본, 조선총독부를 세우다》, 채륜, 2010.

손정목, 《일제강점기 사회상연구》, 일지사, 1996.

이덕수, 《한국 건설 기네스 Ⅰ 길》, 보성각, 2010.

이덕수, 《한강 개발사》, 한국건설산업연구원, 2016.

손종흠, 《한강에 배 띄워라, 굽이굽이 사연일세》, 인이레, 2011.

친일파 투기꾼 때문에 생겨난
공주 금강철교

고석만, 《나는 드라마로 시대를 기록했다》, 창비, 2019.

정운현, 《나는 황국신민이로소이다》, 개마고원, 1999.

서중석·김덕련, 《서중석의 현대사 이야기 1》, 오월의봄, 2015.

선안나, 《일제강점기 그들의 다른 선택》, 피플파워, 2016.

반민족문제연구소 엮음, 《친일파 99인 2》, 돌베개, 1993.

정운현, 《친일파는 살아 있다》, 책보세, 2011.

홍경선, 《친일파와 일제시대 토지》, 한울아카데미, 2006.

정운현, 《친일파의 한국 현대사》, 인문서원, 2016.

지수걸, 《한국의 근대와 공주사람들》, 공주문화원, 1999.

이영채·한홍구, 《한일 우익 근대사 완전정복》, 창비, 2020.

아픔과 탄식, 희망의 다리
부산 영도대교

최인택 옮김, 《기억도시 부산을 안내하다》, 경인문화사, 2020.

깡깡이예술마을사업단, 《깡깡이 마을 100년의 울림-역사》, 호밀밭, 2017.

임성원, 《미학, 부산을 거닐다》, 산지니, 2008.

문재원 엮음, 《부산 시공간의 형성과 다층성》, 소명출판, 2013.

유승훈, 《부산은 넓다》, 글항아리, 2013.

홍순권 외, 《부산의 도시 형성과 일본인들》, 선인, 2008.

부산대학교 한국민족문화연구소 엮음, 《부산의 장소를 걷다》, 소명출판, 2016.

이용득, 《부산항 이야기》, 유진퍼스콤, 2019.

연합뉴스제작팀, 《쉿! 우리 동네》, 연합뉴스, 2019.

이종근, 《이 땅의 다리 산책》, 채륜서, 2015.

석당학술원지역문화연구소 엮음, 《지역과 문화유산》, 선인, 2010.

오미일, 《제국의 관문》, 선인, 2017.

이덕수, 《한국 건설 기네스 I 길》, 보성각, 2010.

다케쿠니 도모야스, 《한일 피시로드, 흥남에서 교토까지》, 따비, 2014.

분단의 상흔을 오롯이 품은
철원 승일교

유홍준, 《나의 문화유산 답사기2》, 창비, 2011.

김용택 외, 《별들이 차지한 하늘은 하나다》, 하나북스, 2010.

이종근, 《이 땅의 다리 산책》, 채륜서, 2015.

이은식, 《지명이 품은 한국사3-서울·강원도 지역》, 타오름, 2011.

함광복, 《할아버지, 연어를 따라오면 한국입니다》, EASTWARD, 2002.

노량해전 자리에 부끄럽게 놓인
남해대교

시오이 유키타케, 《다리 구조 교과서》, 보누스, 2017.

안영배, 《정유재란》, 동아일보사, 2018.

제장명, 《전국 방방곡곡, 이순신을 만나다》, 행복한미래, 2018.

《정유재란과 왜교성 전투》, (사)이충무공유적영구보존회, 2014.

김세곤, 《정유재란과 호남사람들》, 온새미로, 2014.

《청구권자금 백서》, 경제기획원, 1976.

이덕수, 《한국 건설 기네스 I 길》, 보성각, 2010.

민족문제연구소, 《한일협정을 다시 본다》, 아세아문화사, 1995.

무너져 내린 한강의 기적
성수대교

강준만, 《강남, 낯선 대한민국의 자화상》, 인물과사상사, 2006.

김문정, 《공학윤리》, 아카넷, 2014.

김창남, 《나의 문화편력기》, 정한책방, 2016.

강은주, 《비보호 좌회전》, 동녘, 2015.

홍성태, 《사고사회 한국》, 진인진, 2017.

홍성태, 《생태문화도시 서울을 찾아서》, 현실문화연구, 2005.

신정일, 《신정일의 신 택리지-서울》, 쌤앤파커스, 2019.

정종열, 《n·386세대 일본이 두렵다》, 옥합, 2001.

참여사회연구소, 《21세기 한국의 야만2》, 일빛, 2001.

이덕수, 《한강 개발사》, 한국건설산업연구원, 2016.

강준만, 《한국 현대사 산책-1990년대편2》, 인물과사상사, 2006.

명량해전 바다에 도박처럼 세워진
진도대교

고건, 《고건 회고록》, 나남, 2017.

안영배, 《잊혀진 전쟁 정유재란》, 동아일보사, 2018.

김세곤, 《정유재란과 호남사람들》, 온새미로, 2014.

이덕수, 《한국 건설 기네스 I 길》, 보성각, 2010.

정한으로 빚어낸 미투리
안동 월영교

송윤경, 《아이 좋아 가족 여행》, 중앙북스, 2020.

박여진 글·박홍기 사진, 《토닥토닥 숲길》, 예문아카이브, 2018.

이덕수, 《한국 건설 기네스 I 길》, 보성각, 2010.

이미지 출처

23쪽	신안군청
31쪽	영월군 주천면사무소
34쪽	김원식
42, 46~47쪽	영주시청
70~71, 151, 154, 160, 164, 167, 216쪽	서울역사아카이브
71쪽	게티이미지
78쪽	서울역사박물관
81, 94, 172쪽	문화재청
123쪽	국립중앙박물관
126~127쪽	국립고궁박물관
138쪽	동국사
177쪽	공주시청
181, 186~187쪽	영도구청
208쪽	e영상역사관
209쪽	남해군청
220쪽	서울역사편찬원
228쪽	여수시청
240~241쪽	경북나드리

출처가 표기되지 않은 이미지는 지은이가 직접 촬영한 것입니다.

다시, 오래된 다리를 거닐다

1판 1쇄 찍음 2021년 08월 25일
1판 1쇄 펴냄 2021년 09월 10일

지은이 이영천
펴낸이 천경호
종이 월드페이퍼
제작 (주)아트인
펴낸곳 루아크
출판등록 2015년 11월 10일 제409-2015-000020호
주소 10083 경기도 김포시 김포한강2로 208, 410-1301
전화 031.998.6872
팩스 031.5171.3557
이메일 ruachbook@hanmail.net

ISBN 979-11-88296-53-8 03910

이 도서는 '2021 경기도 우수출판물 제작지원사업' 선정작입니다.